AF501532

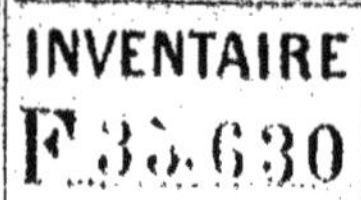

FACULTÉ DE DROIT DE PARIS.

THÈSE

POUR LE DOCTORAT

PRÉSENTÉE

PAR ÉMILE GINOT

AVOCAT A LA COUR IMPÉRIALE DE PARIS.

PARIS

IMPRIMERIE ET LITHOGRAPHIE RENOU ET MAULDE

RUE DE RIVOLI, 144.

1858.

THÈSE

POUR LE DOCTORAT

FACULTÉ DE DROIT DE PARIS.

THÈSE

POUR LE DOCTORAT.

L'acte public sur les matières ci-après sera soutenu

Le 11 février 1858, à 1 heure et demie,

PAR JEAN-BAPTISTE-EMILE GINOT,

Avocat à la Cour impériale,

né à Paris, le 25 Février 1834,

Président : M. BRAVARD-VEYRIÈRES, Professeur.

Suffragants : MM. PELLAT, PERREYVE, VUATRIN, Professeurs. DEMANGEAT. Suppléant.

Le Candidat répondra en outre aux questions qui lui seront faites sur les autres matières de l'enseignement.

PARIS

IMPRIMERIE ET LITHOGRAPHIE RENOU ET MAULDE

RUE DE RIVOLI, 144

1858

A LA MÉMOIRE DE MA MÈRE

A MON PÈRE.

DROIT ROMAIN

DE USURPATIONIBUS ET USUCAPIONIBUS.

(Livre XLI, Titre III.)

PRÉLIMINAIRES.

L'usucapion est un moyen d'acquérir la propriété par une possession continuée pendant un certain temps et avec les conditions voulues par la loi (1).

Elle avait une double utilité dans le droit romain. Quand le propriétaire d'une chose *mancipi*, au lieu de transmettre cette chose par la *mancipatio*, par l'*in jure cessio* ou quelque autre mode du droit civil, l'avait simplement livrée, le possesseur n'en avait pas la propriété *ex jure quiritium*, il ne l'avait que *in bonis*, et il fallait qu'il la possédât pendant un an ou deux ans, selon la distinction faite par la loi des Douze Tables, pour en être définitivement propriétaire.

Sous Justinien, la division des choses en *mancipi* et en *nec mancipi* ayant disparu, l'usucapion n'a plus d'intérêt dans l'hypothèse que nous venons

(1) Gaius, 3, 3, de usurp.

d'indiquer; mais elle était encore utile quand la chose avait été remise, en vertu d'une juste cause, par celui qui n'en avait pas réellement la propriété.

L'usucapion avait été admise afin de mettre un terme à l'incertitude de la propriété. On accordait au maître de la chose un certain délai, passé lequel il n'était plus recevable dans sa revendication. Il fallait opter entre son intérêt et celui du possesseur, et la loi avait cru devoir sacrifier celui à qui l'on pouvait reprocher quelque négligence. L'usucapion peut quelquefois blesser l'équité; mais il ne faut pas oublier que l'intérêt particulier est subordonné à l'intérêt général, et qu'il est bon qu'il y ait un terme après lequel les possesseurs ne puissent plus être inquiétés.

D'ailleurs, si une législation requérait que la personne qui a actuellement une chose à sa disposition prouvât qu'elle en a bien et dûment la propriété, il faudrait que, de mutations en mutations, le possesseur remontât à une acquisition originaire, et il lui serait, le plus souvent, impossible de faire la preuve de son droit de propriété.

Le droit prétorien s'est montré plus favorable encore au possesseur : en effet, il lui donne l'action publicienne, action réelle reposant sur une fiction qui suppose l'usucapion accomplie même avant le terme fixé par la loi. Le préteur, dans sa formule, ordonne au *judex* de décider comme si le demandeur avait achevé l'usucapion, et c'est en cela que la fiction consiste.

L'usucapion ne s'appliquait aux immeubles qu'en Italie, et s'appliquait aux meubles, soit dans l'Italie, soit dans les provinces.

Les fonds provinciaux, à l'exception de ceux à qui l'on avait étendu le *jus italicum*, n'étaient pas susceptibles de propriété privée; par suite, ils ne pouvaient être usucapés. Les particuliers n'en pouvaient avoir que la jouissance, en vertu d'une sorte de bail à long terme. Le *dominium* de ces fonds appartenait au peuple romain ou à l'empereur. De là, la division des immeubles provinciaux en *prædia tributaria* et en *prædia stipendiaria*, selon que la concession en avait été faite par l'empereur ou par le peuple romain; selon que redevance était due au trésor impérial (*fiscus*) ou au trésor public (*ærarium*).

Les détenteurs de ces fonds pouvaient céder, échanger leurs droits, et, à raison de ces opérations, avaient directement et par eux-mêmes des actions et des interdits, sans avoir besoin de mettre en cause le peuple romain ou l'empereur. Le préteur créa aussi pour eux la *præscriptio longi temporis*, afin de remplacer, jusqu'à un certain point, l'usucapion inapplicable aux fonds provinciaux. Dès lors, celui qui avait reçu des immeubles provinciaux d'une personne qui n'en était pas réellement tenancière, et qui les avait possédés pendant un certain temps sans que le véritable tenancier eût réclamé ses droits, était maintenu dans la possession de l'immeuble provincial, comme s'il en avait reçu la possession du véritable tenancier.

Cette *præscriptio* était une sorte d'exception placée en tête de la formule à la requête du défendeur. Si elle était reconnue vraie par le juge, si le temps voulu par le préteur s'était écoulé sans que le véritable tenancier eût réclamé, le juge n'avait pas besoin d'examiner l'affaire : le défendeur était protégé contre toute action.

Plus tard, la *præscriptio* fut changée en une véritable exception.

L'usucapion présentait de notables différences avec la prescription.

L'usucapion était un moyen d'acquérir la propriété *ex jure quiritium;* de sorte qu'après une possession continuée pendant le temps prescrit par la loi, la revendication pouvait être intentée par celui qui avait usucapé. La prescription n'était qu'un moyen de défense : après le délai légal, celui qui prétendait évincer le possesseur était repoussé dans sa prétention, bien qu'il n'y eût eu contre lui aucune acquisition effective.

L'usucapion, par cela même qu'elle donnait le domaine des choses, conférait ces choses avec toutes les charges dont elles étaient grevées : ainsi l'objet usucapé restait soumis à l'hypothèque et à tous droits réels consentis par le précédent propriétaire. La prescription, au contraire, pouvait protéger le possesseur contre toute personne qui eût réclamé un droit sur la chose : car le fait de sa possession absolue s'élevait avec une égale puissance contre toute prétention; c'est pourquoi la prescription n'était pas sans utilité même à l'égard des immeubles italiques.

L'usucapion n'était pas interrompue par la *litis contestatio* : le fait de la possession persistait pendant le procès, et par suite, le temps requis pour l'usucapion pouvait s'achever pendant l'instance. Il en était autrement de la prescription; car elle devait être opposée au moment même où s'ouvrait l'instance, et c'était à cette époque que les délais devaient être accomplis.

L'usucapion s'accomplissait par deux ans pour les immeubles, un an pour les autres choses; la prescription à l'égard des immeubles (les seuls objets auxquels elle s'appliquât) s'accomplissait par dix ou vingt ans, selon que les parties habitaient les mêmes provinces ou des provinces différentes.

Justinien emprunta à la prescription plusieurs de ses règles pour les appliquer à l'usucapion : ainsi l'usucapion, sous cet empereur, est un mode d'acquérir la propriété par une possession continuée pendant dix ou vingt ans pour les immeubles, trois ans pour les meubles, et elle tend à la libération complète de la propriété.

CHAPITRE Ier.

Quelles personnes peuvent usucaper.

D'après la loi des Douze Tables, les citoyens romains seuls pouvaientusucaper : ce privilége reconnu aux Latins fut étendu plus tard à tous ceux qui avaient le *jus commercii*.

Celui-là seul qui peut être propriétaire peut usucaper. En principe donc, pour usucaper, il faut être *paterfamilias*; cependant les fils de famille qui ont un *peculium castrense* peuvent *ex causa peculii castrensis* acquérir par usucapion. Sous Justinien, tout ce qui ne provient pas du patrimoine du père étant la propriété personnelle du fils, c'est pour lui-même désormais que le fils usucapera (1).

Le pupille peut usucaper sans l'autorisation de son tuteur, si son intelligence est assez développée pour qu'on puisse lui supposer la volonté de posséder; que si l'on ne peut lui supposer cette volonté, il faut que l'autorisation du tuteur complète en quelque sorte son *judicium* (2).

Le fou peut continuer l'usucapion qu'il a commencée avant d'avoir perdu la raison, car il lui est impossible de renoncer à posséder; mais il ne pourrait, en état de folie, commencer une possession qui le menât à l'usucapion (3).

L'esclave ne peut usucaper pour lui-même; il ne peut être qu'un instrument de possession pour son maître (4).

Le citoyen romain fait prisonnier par l'ennemi cesse de posséder, et s'il revient, la fiction du *postliminium* ne pourrait le faire considérer comme n'ayant jamais perdu la possession, car la posses-

(1) D. Paul, 4, 1, de usurp.

(2) D. Paul, 4, 2, de usurp.—D. Paul, 32, 2, de adq. vel omit.

(3) D. Paul, 4, 3, de usurp. — 44, 6, eod.

(4) D. Ulpien, 50, 17, 118.

sion est un fait, et la fiction du *postliminium* n'exerce d'influence que sur les droits.

Nous pouvons acquérir la possession par nos esclaves; par eux aussi nous pouvons usucaper, mais il faut distinguer s'ils ont acquis *nomine peculiari* ou *domini nomine*. Dans le premier cas, l'usucapion court à notre insu, parce que la constitution du pécule implique de notre part une autorisation générale qui consacre les divers actes successifs de prise de possession. Dans le second cas, l'usucapion ne court que du moment où nous avons connaissance de l'appréhension, car c'est alors seulement qu'au fait physique de la détention par l'esclave se joint l'intention de posséder, requise du maître pour la possession.

De ce qui précède, il résulte qu'un enfant ou un fou pourrait usucaper par ses esclaves, pourvu que ceux-ci eussent reçu la chose *peculiari nomine*. Mais s'ils l'avaient reçu *domini nomine*, il en serait autrement, vu que leur maître est incapable de donner un assentiment susceptible de produire aucun effet civil (1).

On peut usucaper par l'homme libre que l'on possède de bonne foi; mais c'est une question de savoir si l'on pourrait usucaper par la personne sur laquelle on croirait de bonne foi avoir la puissance paternelle; ce qui pourrait arriver dans le cas d'une adrogation nulle. Pour soutenir que l'usucapion ne peut avoir lieu par l'entremise d'un homme libre, qu'au profit

(1) D. Paul, 8, pr. de usurp.-41, 2, 1, 5. — 32, 2.

de celui qui possède cet homme libre comme esclave, on peut faire remarquer que l'erreur en matière de puissance paternelle est plus difficile, moins fréquente que l'erreur en matière de puissance dominicale. que l'intérêt public s'y trouve infiniment moins engagé.

Quand c'est l'esclave ou le fils, par qui nous possédons, qui devient fou, il est évident que l'usucapion n'en continue pas moins de courir à notre profit.

D'après les Proculiens, quand un esclave s'était enfui, son maître ne pouvait plus rien posséder par lui; mais selon les Sabiniens, dont l'opinion a prévalu, le maître pouvait acquérir la possession par l'esclave fugitif, tant que l'esclave n'était pas possédé par un tiers, ou ne se comportait pas comme homme libre. Cette décision, moins fondée peut-être en droit que la précédente, puise ses motifs dans la difficulté de garder les esclaves (1).

Nous pouvons encore usucaper par un mandataire ou un gérant d'affaires; mais il faut qu'ils prennent la possession pour notre compte. Au reste, l'usucapion ne court en ce cas, à notre profit, que du jour où nous avons connaissance de la prise de possession (2).

Les personnes qui sont incapables de volonté ne peuvent usucaper; car si le fait physique de la possession peut avoir lieu par nous-mêmes ou par d'au-

(1) D. Paul, 31, 2, de usurp.—Ulp. 41, 2, 34, 2.
(2) D. Neratius, 41, eod.

tres, il faut que nous ayons personnellement la volonté d'acquérir. Les personnes morales ou juridiques, comme l'hérédité; collectives, comme les corporations, ne peuvent donc pas usucaper. Cependant on a admis que l'hérédité jacente pourrait, par les esclaves, acquérir *peculiari nomine*, et alors l'usucapion commence non seulement à l'adition de l'hérédité, mais même immédiatement au profit de l'hérédité jacente. C'est là une décision toute de faveur qu'il ne faudrait pas étendre. Si une tradition avait été faite à un esclave héréditaire n'ayant point de pécule, l'usucapion ne pourrait courir que du jour de l'adition de l'hérédité; encore faudrait-il que l'héritier eût connaissance du fait de la tradition, car il ne peut acquérir sans une volonté spéciale.

Les municipes, en tant qu'incapables de volonté, ne peuvent rien posséder par eux-mêmes. Nerva leur permit pourtant de posséder et d'usucaper *nomine peculiari*. Toutefois cette opinion éprouva beaucoup de résistance de la part des jurisconsultes. « Comment, disait-on, les municipes pourraient-ils rien posséder par leurs esclaves, puisqu'ils ne possèdent même pas leurs esclaves? » Cependant, sous Ulpien, on était déjà arrivé à admettre que les municipes pouvaient usucaper, non-seulement par leurs esclaves, mais par des personnes libres, comme des mandataires ou des administrateurs.

CHAPITRE II.

Quelles choses peuvent être usucapées.

Les choses incorporelles, en principe, ne sont pas susceptibles d'usucapion, parce qu'elles ne semblent pas pouvoir être possédées.

Autrefois cependant, ainsi que Gaïus nous l'apprend, les hérédités pouvaient être usucapées.

L'usucapion des servitudes avait également été admise, mais elle fut supprimée par une loi *Scribonia*, dont la date est incertaine. Toutefois, quand on dit que les servitudes ne peuvent être usucapées, cela doit s'entendre en ce sens qu'elles ne peuvent l'être distinctement, en dehors du fonds auquel elles sont unies. car si j'usucape un fonds dominant, j'acquerrai fort bien les servitudes actives qui y sont attachées ; en d'autres termes, pour emprunter aux anciens auteurs une expression qui leur était familière, ce sont les servitudes *formelles* qui ne sont point susceptibles d'usucapion, et non les servitudes *causales*.

L'usucapion s'applique surtout aux choses corporelles ; il en est cependant qui ne peuvent être usucapées.

Telles sont les choses religieuses, saintes ou sacrées, tant que dure leur consécration ; les choses publiques, celles qui appartenaient au peuple romain, et celles qui appartenaient à l'empereur, c'est-à-dire les biens du fisc, parce qu'ils ne sont pas dans le commerce, et n'admettent point de propriété privée.

Telles sont encore les choses dont une loi ou une constitution défend l'aliénation, car l'usucapion est un mode d'acquérir.

Ainsi ne pouvaient être usucapés :

Les biens donnés à un proconsul ou à un préteur, pour le corrompre, et qui n'appartenaient pas au donateur; l'usucapion en était interdite jusqu'à ce qu'ils fussent revenus entre les mains du donateur, en vertu de la *lex repetendarum*;

Les biens des coupables de lèse-majesté, de concussions, de tous crimes dont l'accusation et la condamnation survivaient à la mort du coupable; l'usucapion eût été un moyen de les soustraire à la confiscation;

Les biens des cités et ceux des églises;

Les *res mancipi* appartenant à la femme. D'après la loi des Douze Tables, elles ne pouvaient être usucapées, à moins qu'elles n'eussent été livrées par cette femme avec autorisation de ses agnats. La Constitution Rutiliana apporta une assez grave modification à cet état de choses, puisque, d'après Julien, le possesseur qui avait payé le prix de la chose eût pu l'usucaper.

Le fonds dotal : l'usucapion, sorte d'aliénation tacite, en était interdite, à moins qu'elle n'eût commencé avant le mariage. Alors la déclaration que le fonds devenait dotal n'interrompait point l'usucapion, elle continuait de courir; toutefois, c'était le mari qui en était responsable, à moins que l'usucapion ne se fût complétée peu de jours après le mariage, car alors on ne pouvait rien lui reprocher; il n'avait pas eu le temps de se mettre au courant de l'administration.

Les immeubles ruraux ou suburbains du pupille; car depuis Septime Sévère, ils ne pouvaient être aliénés sans que la nécessité de leur aliénation eût été reconnue par un décret du préteur. Quelques auteurs s'appuyant sur un fragment de Paul (48, *De adq. rer. dom.*), pensent que même avant Septime Sévère, les immeubles du pupille ne pouvaient être usucapés; mais ce texte unique, dont la leçon est des plus douteuses (car, ainsi que l'indiquent les Basiliques, il peut présenter le mot *pupilli* pour celui de *populi*), ne me semble pas pouvoir faire autorité contre les décisions nombreuses des jurisconsultes qui supposent formellement que l'usucapion court à l'égard des pupilles (1).

Enfin, la loi Atinia défendait l'usucapion des choses furtives (déjà prohibée par la loi des Douze Tables), et les lois Plautia et Julia celle des choses possédées par violence.

Le *furtum* est le détournement frauduleux de l'affectation donnée à une chose mobilière. Il faut une intention frauduleuse; car, lorsque trompé par quelque apparence, je dispose d'un bien que je crois faire partie d'une hérédité que j'ai recueillie, lorsque

(1) D. Jul. 7, 3, pro emptore.—Paul, 4, 11, de usurp.—Julien, 56, 4, de furtis.

usufruitier d'une esclave, je vends son part, croyant qu'il m'appartient à titre de fruit, on ne peut dire que je commette un vol (1).

La loi Atinia n'était pas nécessaire pour empêcher l'usucapion entre les mains du voleur, puisqu'il est de mauvaise foi; elle concerne donc le possesseur de bonne foi. Lorsque cette loi dit que la chose volée ne peut être usucapée, il faut l'entendre en ce sens que la chose volée s'empreint de son caractère furtif pour avoir été livrée de mauvaise foi par une personne qui savait n'en devoir pas disposer, et qu'elle conserve ce caractère en quelques mains qu'elle passe, quelle que soit la bonne foi du possesseur actuel. Il sera difficile, en remontant la série des divers vendeurs d'un meuble, de ne pas en trouver un qui ne soit dans le cas d'avoir commis un *furtum* en le vendant; cependant, le fait peut se concevoir, ainsi que nous l'avons indiqué plus haut.

On n'a pas admis l'opinion de ceux qui voulaient étendre aux immeubles les effets de la loi Atinia, bien qu'avec les idées très-étendues que les Romains se faisaient du vol, ce système n'eût pas été dénué de logique. Du rejet de cette opinion il résulte que lorsqu'une personne aura pris possession d'un fonds appartenant à autrui, pourvu que ce soit sans violence, celui qui, de bonne foi, le tiendra d'elle, pourra l'usucaper (2).

(1) D. Gaius, 36, 1, et 37, pr. de usurp.
(2) D. Gaius, 38, de usurp.

L'esclave fugitif ne peut être usucapé; car il est considéré comme ayant commis, au préjudice de son maître, le vol de sa propre personne.

Ce qui a été fait de la chose furtive est soi-même furtif et ne peut être usucapé : tel est le vêtement fait de laine furtive; c'est à la substance qu'il faut s'attacher (1).

Si des brebis volées ont été tondues chez le voleur lui-même, la laine n'en pourra être usucapée d'abord par le voleur, car il est de mauvaise foi; ensuite par tous ceux qui la recevront, même de bonne foi, car elle est furtive.

Les brebis ont-elles été tondues chez un acheteur de bonne foi? leur laine sera immédiatement la propriété de cet acheteur, en qualité de possesseur de bonne foi (2).

Paul, qui insiste sur ce principe, dit qu'il serait applicable non-seulement à la laine des brebis, mais aux agneaux, *si consumpti sint*, ajoute-t-il. — Ces derniers mots sont sans doute une interpolation de Tribonien. Au temps des jurisconsultes classiques, le possesseur de bonne foi, selon l'opinion la plus vraisemblable, gardait tous les fruits perçus jusqu'à la *litis contestatio*, et ce ne fut que plus tard, par une constitution de Dioclétien, qu'il fut tenu de rendre ceux qui n'avaient pas encore été consommés. —De même que pour la laine, personne ne s'attache au moment où elle a commencé de pousser, de même

(1) Paul, 4, 20, de usurp.
(2) Paul, 4, 19, eod.

pour les animaux, Paul ne veut point qu'on s'attache à la formation intrà-utérine du croît (1).

Ulpien, tout en reconnaissant que le croît est un fruit; que le possesseur de bonne foi, sans usucapion aucune, fait les fruits siens dès leur séparation, s'attachait à deux époques : celle de la conception et celle de la naissance, pour déterminer la condition du croît, et exigeait non-seulement qu'il ne fût pas né, mais encore qu'il n'eût pas été conçu chez le voleur (2).

L'opinion de Paul paraît avoir prévalu : *hoc verum est*. Au reste, elle semble plus rationnelle, en ce qu'elle traite tous les fruits d'une égale manière.

Le part dont l'esclave était enceinte au moment du vol, ou qu'elle avait conçu chez le voleur, était *res furtiva :* il ne pouvait être usucapé, qu'elle fût accouchée chez le voleur ou chez un acheteur de bonne foi.

Si l'esclave avait conçu chez un acheteur de bonne foi, et y était accouchée, le part n'était plus furtif; mais, n'étant pas considéré comme un fruit, il ne pouvait appartenir à ce possesseur de bonne foi dès le moment de la naissance, et ne lui était acquis qu'après avoir été possédé individuellement et après le temps requis pour l'usucapion.

Avait-elle conçu chez l'héritier du voleur et y était-elle accouchée? Lors même qu'il eût ignoré que cette esclave était volée, l'héritier n'eût pas plus

(1) Paul, 4, 10, de usurp.
(2) Ulp. 48, 5 et 6 de furtis.

usucapé l'enfant que la mère, car il succédait à toutes les obligations du défunt (1).

Scœvola pensait que le part pouvait être usucapé en toutes circonstances, qu'il eût été conçu chez le voleur ou chez un possesseur de bonne foi. « Il n'est pas une partie de la chose volée, disait-il, il constitue un être distinct; car s'il était une partie de la chose furtive, il ne pourrait être usucapé même par l'acheteur de bonne foi. » Mais c'est là une opinion unique qui n'a pas fait d'adeptes.

Ce ne sont pas seulement les acheteurs de bonne foi, mais tous ceux qui possèdent avec juste titre, qui peuvent usucaper le part de l'esclave. La juste cause qui vous aurait permis d'usucaper la mère, si elle n'eût pas été furtive, vous permettra d'usucaper l'enfant si vous avez été de bonne foi au moment de sa conception et de sa naissance. C'est à cette double condition qu'il faudra s'attacher; et si à l'un ou à l'autre de ces moments la bonne foi vous a manqué; si vous avez su que cette esclave était volée, ou même si, l'ignorant, vous étiez l'héritier du voleur, le caractère furtif du part s'opposera à l'usucapion (2).

Evidemment, il faut que la bonne foi persiste jusqu'à la naissance pour que l'usucapion puisse commencer. Mais si l'usucapion a déjà commencé, si la découverte du vol lui est postérieure, la possession pourra-t-elle continuer?

L'affirmative a été décidée dans le cas de la vente.

(1) Ulp. 10, 2, de usurp.
(2) Julien, 33, pr. cod.

On ne tient compte que du commencement de la possession, et l'on n'exige pas que la bonne foi se maintienne jusqu'à l'accomplissement de l'usucapion (1).

Pomponius avait proposé des distinctions. « Si, dit-il, vous n'avez pas su dans le temps fixé à qui était cette esclave, ou si vous avez informé le maître qui n'a pas tenu compte de l'avis, ou ne l'avez pas informé faute d'avoir pu le faire, vous usucaperez; mais si, sachant quel est le maître et pouvant l'avertir, vous ne l'avez pas fait, vous n'usucaperez point, car alors vous aurez possédé clandestinement, et la même personne ne peut posséder à la fois *pro suo et clam* (2).

Mais Trébatius, à l'avis duquel se sont rangés Julien (3) et Paul (4), combat cette doctrine. Ulpien la repousse également en termes énergiques et refuse judicieusement de confondre le possesseur clandestin avec celui qui, d'abord possesseur de bonne foi, apprend plus tard quel est le propriétaire de la chose et lui cache le fait qui l'intéresse. C'est à l'origine de la possession qu'il faut s'attacher, et l'on ne commence pas à posséder clandestinement, quand on a reçu la chose de bonne foi (5). Si dans la loi 11, § 3, *De Publiciana in rem actione*, Ulpien

(1) D. Paul, 4, 18, de usurp.
(2) D. 4, pro suo.
(3) D. 33, pr. de usurp.
(4) D. 4, 4, 18, eod.
(5) D. 6, de adq. v. omit.

exige la bonne foi jusqu'au moment de l'action, c'est qu'il décide dans l'hypothèse particulière d'une donation, et que relativement aux choses reçues à titre gratuit, il fallait, du moins suivant quelques jurisconsultes, la persistance de la bonne foi pendant la durée du temps requis pour l'usucapion.

L'opinion de Pomponius est donc une opinion isolée, et nous devons admettre que l'usucapion est possible, si la bonne foi n'a cessé qu'après le commencement d'une possession utile.

L'obstacle résultant du *furtum* n'est pas perpétuel ; il peut être levé : et telle chose qui n'était point susceptible d'usucapion pourra reprendre sa condition naturelle par l'effet d'un événement postérieur. En effet, la loi Atinia dit qu'une chose volée, si elle est rentrée en la puissance du propriétaire, peut, quand elle en sort de nouveau sans vol ni violence, être acquise par un possesseur de bonne foi.

Entendues, à la rigueur les expressions de la loi Atinia donnaient lieu à une décision dont Labéon repoussait la subtilité. En effet, quand une chose donnée en gage a été détournée par le propriétaire qui l'avait engagée, elle se trouve par le fait entre les mains de celui à qui il appartient, et l'on pourrait dire que l'usucapion en est dès lors possible. C'est ce que ne voulait pas Labéon, lequel prétendait que la chose ne pouvait être usucapée, tant qu'elle n'était pas rentrée aux mains du créancier gagiste, tant que le propriétaire était soumis à l'action de vol (1).

Cassius, Paul (2), Modestin (3), tout en convenant qu'il y avait lieu à l'action *furti*, pensaient que, selon les termes de la loi, la chose étant bien en la possession du propriétaire, il n'y avait pas lieu d'en empêcher l'usucapion. Leur opinion a prévalu, mais elle établit une faveur que motive seule la possession de la chose par le propriétaire lui-même ; et, en principe, pour qu'une chose soit furtive, il suffit qu'elle soit l'objet d'une action de vol, quelle que soit la personne qui puisse exercer cette action. Si un esclave dont l'usufruit a été légué à la charge de l'héritier est volé avant d'avoir été possédé par cet héritier, celui-ci n'aura point l'action *furti* ; mais l'usucapion n'en sera pas moins interdite, car l'usufruitier peut, à raison de la jouissance qui lui est due, agir contre le voleur (4).

Pour qu'une chose soit réputée rentrer en ma possession, il faut que j'en aie recouvré la possession par des moyens légaux, sans qu'il y ait possibilité de me l'enlever ; car si je rentre en possession par la violence, bien que propriétaire, je serai obligé par l'interdit *unde vi* de restituer la chose au possesseur même de mauvaise foi.

Il faut, de plus, que j'en recouvre la possession

(1) D. Labéon, 49, de usurp.

(2) D. C 4, 21, eod.

(3) D. 41, 4, 5.

(4) D. Julien, 35, de usurp.

comme d'une chose m'appartenant; car, si je l'achète, ignorant qu'elle m'a été volée, le vice qui l'entache ne sera pas purgé (1).

Je puis, par mon mandataire, rentrer en la possession d'une chose volée : toutefois cette chose ne cesse d'être furtive que si j'ai connaissance de la prise de possession du mandataire (2).

Si c'est à mon esclave que l'on a volé une chose faisant partie de son pécule, quand pourra-t-on dire qu'elle est rentrée en ma puissance?

Si, ignorant que la chose est sortie par un vol de mon patrimoine, j'ignore aussi qu'elle y soit rentrée, il suffira que la chose soit revenue à celui par qui je possédais, pour qu'elle puisse être usucapée. De même si le dépositaire de ma chose l'a vendue (ce qui constitue un vol), et que, mû par le repentir, il l'ait rachetée, et la possède de nouveau, au même titre, on peut dire qu'elle est en mon pouvoir, bien que j'aie tout ignoré. Seulement il est nécessaire que je continue de vouloir que l'esclave ou le dépositaire possède la chose au même titre; ainsi, après le vol, si j'ai retiré à mon esclave le pécule que je lui avais concédé, si j'en ai retranché la chose volée, dans ce cas il ne suffirait pas que la chose revînt à mon esclave pour qu'elle fût réputée en ma puissance, car elle ne serait pas où je voudrais qu'elle fût (3).

(1) D. 41, 4, 12.
(2) D. Neratius, 41 de usurp.
(3) Paul, D. 4, eod.

Si je sais que la chose a été dérobée à l'esclave, elle ne cesse d'être furtive que si la possession n'en est pas reprise à mon insu.

On doit faire les mêmes distinctions à l'égard de la chose du maître volée par l'esclave. Ainsi, après avoir dérobé une chose, si l'esclave remet la chose à son lieu, elle pourra, dans le cas où je n'aurai rien su, être usucapée comme si elle n'était point sortie de ma puissance ; il ne suffirait pas que l'esclave la possédât dans les valeurs de son pécule, car elle ne serait pas à ma disposition au même titre qu'avant le vol.

Si j'ai connu le vol, il faudra que je sache qu'elle est revenue en ma puissance ; mais il suffira que mon esclave la possède dans son pécule, si je lui ai permis de l'y faire entrer.

Il n'est donc pas toujours nécessaire que la chose soit directement rentrée en n[illegible]tre pouvoir, il suffit qu'elle se soit retrouvée à notre disposition, et que nous ayons consenti à ce qu'elle fût tenue à un autre titre.

La chose cesserait encore d'être furtive, si le propriétaire, au lieu de la faire revenir entre ses mains, ordonnait qu'on la livrât à un tiers.

Il en serait encore de même si j'avais revendiqué et que j'eusse reçu la valeur de l'intérêt engagé dans le procès ; en ce cas, bien que je n'aie pas recouvré la possession matérielle de la chose qui m'a été volée, elle pourra être usucapée (1).

(1) D. Paul, 4, 12, et 13, de usurp.

La loi Plautia et postérieurement la loi Julia avaient fait aux choses possédées par violence la même situation que la loi Atinia avait faite aux choses volées. Elles ne pouvaient être usucapées avant d'être recouvrées et possédées de nouveau par le véritable propriétaire d'une manière légale, qui ne donnât lieu à aucune restitution, et en qualité de choses enlevées par violence.

Ces lois ne s'appliquaient qu'aux choses corporelles ; car ce qui n'est point susceptible d'être possédé ne peut être possédé par violence.

Deux circonstances devaient concourir : 1° que le possesseur eût été chassé par la violence ; 2° que possession de la chose fût prise par celui-là même qui avait employé la violence. Peu importait la qualité du possesseur ; fût-il de mauvaise foi, possédât-il *pro hærede* sachant qu'il y avait un héritier, s'il avait été expulsé, son fonds était *vi possessum* (1).

Si vous m'expulsez d'un fonds sans en prendre personnellement possession, et que ce soit un tiers étranger à la violence dont j'ai souffert qui l'occupe le trouvant libre, ce fonds pourra être usucapé, car ce n'est que contre vous que j'aurai l'interdit *unde vi* (2).

Si vous occupez un fonds d'où le maître s'est sauvé par crainte d'hommes armés qui ne se sont point présentés ; si vous avez pris possession d'une chose que personne n'occupait, et que, ultérieurement,

(1) D. Paul, 4, 23, 24 et 25, de usurp.
(2) D. Paul, 4, 22, eod.

vous en repoussiez le maître, la loi Plautia ne pourra vous concerner, car le fonds n'est pas *vi possessum* (1).

On peut usucaper une chose *pro parte*, mais il faut que la part soit déterminée pour qu'on puisse la posséder distinctement ; car si vous ignorez à quelle part vous avez droit dans une masse indivise, on ne peut dire que vous possédiez d'après les principes du strict droit civil. De même, si vous possédez plusieurs esclaves, et que, sans pouvoir dire lesquels sont à autrui, vous sachiez qu'il en est qui ne vous appartiennent point, vous ne pourrez usucaper aucun d'eux (2).

Quand vous possédez une maison, on ne peut dire que vous possédiez en particulier chacune des parties qui la composent ; car si vous envisagiez ces parties séparément dans leur substance propre, ce ne serait plus la maison comme corps individuel que vous posséderiez. Il serait d'ailleurs contraire au droit civil qu'une même chose pût être soumise à des temps divers d'usucapion, et qu'une maison, par exemple, se composant du sol et de la superficie fût usucapée partie pour le sol, partie pour la superficie. Du reste, la superficie étant toujours un accessoire du sol, il a été reconnu que la superficie ne peut être usucapée sans le sol ; si le sol ne peut être usucapé, la superficie ne pourra l'être davantage (3).

(1) D. Julien, 33, 2, de usurp.—37, 1, eod.
(2) D. Pomp. 33, 2, de usurp.
(3) D. Jav. 23, eod.—Ulp. 26, eod.

Si la maison est démolie, il faudra une possession nouvelle et distincte pour usucaper les matériaux. On ne devra point tenir compte du temps où ils étaient joints en maison; car ce que vous possédiez, c'était la maison, l'immeuble, et il ne peut se faire qu'une chose soit à la fois possédée comme meuble et comme immeuble (1).

Nous avons vu quelles choses pouvaient être usucapées, par quelles personnes elles pouvaient l'être; rentrons dans l'étude des éléments de l'usucapion. D'après la définition des jurisconsultes, l'usucapion est basée sur une possession acquise de bonne foi, en vertu d'un juste titre, continuée pendant le temps voulu par la loi sans interruption. Les règles qui la régissent ressortiront de l'analyse de chacun de ces termes.

CHAPITRE III.

De la possession du juste titre et de la bonne foi.

Ce n'est pas toute possession qui peut conduire à l'usucapion, mais celle-là seulement qui réunit le fait physique de la détention à la volonté de posséder la chose comme maître. Ainsi l'emprunteur, le dépositaire ne possèdent point utilement quant à l'acquisition de la propriété, parce qu'ils reconnaissent un maître, et que c'est pour ce maître qu'ils possèdent. Le créancier qui, pour garantie de sa créance,

(3) D. 23, 2° de usurp.

a reçu un gage, peut exercer les interdits possessoires, mais il ne peut usucaper, car il n'a aucune intention de propriété.

Nous avons montré, dans le premier chapitre, quelles personnes pouvaient usucaper, comment le fait et l'intention de la possession pouvaient se partager entre le maître d'une part et l'esclave ou le mandataire d'autre part : mais il ne suffit pas que cette possession soit exempte de tous les vices qui empêchent l'usucapion ; il faut de plus, en principe du moins, qu'elle ait été acquise de bonne foi et en vertu d'un juste titre.

Dans la matière qui nous occupe, le juste titre ou la juste cause (les deux mots sont indifféremment employés) est tout événement juridique qui justifie le droit qu'on allègue, ou qui l'eût justifié, si le droit était émané du véritable propriétaire. La remise de la possession, sans qu'aucun acte la justifie, ne produit aucun droit.

Le prêt, le commodat, ne peuvent être de justes causes, au point de vue qui nous occupe, car ils ne sont pas des titres de translation de propriété; la vente, au contraire, est un juste titre; car la tradition qui s'ensuit, si elle émane du véritable propriétaire, est translative de propriété. Paul dit qu'il importe peu, pour que l'usucapion soit possible, que l'un ait vu une vente où l'autre voyait une donation ; il suffit qu'il y ait eu accord pour transmettre et recevoir la propriété.

Une personne qui aurait reçu mandat d'acheter

une maison, et qui la recevrait et posséderait pour elle-même, serait bien soumise à l'action *mandati*, puisqu'elle n'aurait pas rempli ses engagements envers le mandant : mais rien ne s'opposerait à ce qu'elle pût usucaper, puisqu'elle posséderait *pro emptore* (1).

L'erreur sur l'existence du titre, ne peut dispenser du titre lui-même. La bonne foi ne suffit point. Il n'y a point d'usucapion *pro emptore, donato, legato, dote*, s'il n'y a eu véritablement vente, donation, legs ou dot (2). Il ne faut donc point confondre la bonne foi et la juste cause. Elles sont indépendantes l'une de l'autre. Nous trouvons ce principe formellement énoncé dans les Institutes et dans le Code ; toutefois il avait donné lieu, parmi les jurisconsultes, à de graves dissentiments, dont les traces ne sont pas effacées au Digeste. Les Sabiniens n'admettaient pas que la croyance à un juste titre pût suffire pour l'usucapion. *Error falsæ causæ*, disaient-ils, *usucapionem non parit* (3). Quelques-uns d'entre eux, cependant, admettaient une exception au principe de leur école dans telles circonstances que l'équité leur indiquait (4). Les Proculiens, moins sévères, posaient en règle que l'usucapion pouvait avoir lieu au profit de ceux dont l'erreur avait une explication plausible. Il ne suffisait pas cependant que l'erreur fût ex-

(1) D. Paul, 13, 2° de usurp.
(2) D. Ulp. 27, eod.
(3) D. Paul, 1, pro donato.—Jul. 6, pro derelicto.—Ulp., Paul., Pap. 1—2—3 pro legato.—Ulp. 1, 4, pro dote.
(4) D. Paul, 48, pr. de usurp.—4, pro legato.

cusable, et la seule erreur considérée comme admissible était l'erreur de fait. *In alieni facti ignorantia error tolerabilis est : juris error prodesse non potest.* Si je crois que mon esclave, d'après la déclaration qu'il m'en a faite, a acheté une chose qu'il a seulement louée, j'usucaperai, car je me suis trompé sur un fait, et dans l'hypothèse sur le fait d'autrui, ce qui est encore plus favorable. Mais si je crois que sans l'autorisation de son tuteur un pupille peut vendre sa chose, et que dans cette croyance j'achète de lui, je n'usucaperai point, car il y a là une erreur de droit qui ne peut me profiter (1).

A l'égard de la vente, tout le monde admettait, même les Proculiens, que si un achat n'avait pas réellement précédé la possession, l'usucapion n'était pas possible. Peu importait que je crusse avoir reçu en réalité la chose à ce titre, soit directement, soit par l'intermédiaire de mon esclave ou de mon mandataire, l'existence d'un juste titre était toute de rigueur. Cette différence, assez difficile à expliquer, provient peut-être de ce que le préteur, dans son édit, paraît exiger aussi positivement quand il s'agit de la possession *pro emptore*, le fait réel d'une vente, qu'il exige le fait de la tradition, quand il s'agit d'usucaper *ex alia causâ* (2).

Si le titre est conditionnel, l'usucapion est en suspens, et ne pourra commencer qu'à l'événement de la condition. J'ai acheté sous condition, la posses-

(1) D. Ner. 5, 1, pro suo.—Pomp. 4, 2, eod.—Herm. 9, pro legato.
(2) D. Paul, 2, pr. pro emptore.—48, in fin. de usurp.

sion ne me deviendra utile que si la condition se réalise : jusque-là, je n'ai pas encore de droit, il n'y a donc pas de raison pour déclarer déchu de sa propriété celui qui n'a pas agi contre une personne quand celle-ci n'apparaît pas comme ayant un droit hostile au sien.

Le caractère de l'*in diem addictio* et celui de la vente avec pacte commissoire peuvent être douteux. Si le contrat n'est réellement qu'une vente sous condition suspensive, l'usucapion, d'après ce qui précède, ne peut évidemment courir. Si, au contraire, il y a une vente pure et simple, sous la condition pour l'acheteur de restituer la chose dans telle éventualité prévue, l'usucapion s'accomplira sans aucun doute. La question est, on le voit toute d'interprétation.

L'usucapion compète et à celui qui a reçu une libéralité, et à celui qui a acquis à titre onéreux, sauf la différence déjà signalée, à savoir : qu'il fallait peut-être chez le donataire que la bonne foi persistât jusqu'à l'accomplissement de l'usucapion.

On usucapait *pro emptore* par suite d'une vente valable. Si donc l'acheteur n'avait point obtenu de terme pour le payement, il devait avoir payé le prix, car à moins d'une erreur de droit (et l'erreur de droit ne peut profiter au possesseur), il ne pouvait se croire propriétaire sans avoir payé le prix de la chose.

On usucapait *pro donato*, *pro legato*, lorsqu'on avait reçu, par legs ou par donation, une chose dont le donateur ou le défunt n'était point propriétaire :

Pro derelicto, lorsqu'on prenait possession d'une chose abandonnée par un autre que son véritable maître;

Pro suo, lorsque spécialement on possédait, à titre de propriétaire, des choses *nullius* pour l'acquisition immédiate desquelles la seule possession eût été insuffisante et dont on ne pouvait motiver autrement l'usucapion. Ainsi, je vous donne en *mutuum* des écus qui ne m'appartiennent pas, vous les usucapez *pro suo*; vous prenez un cerf que vous croyez sauvage, il avait encore l'*animus revertendi*, vous l'usucapez *pro suo*; s'il y a tradition d'une dot, sans qu'on la fasse dépendre du mariage, le mariage n'ayant pas lieu, usucapion de la dot *pro suo*; si je possède de bonne foi le part d'une esclave, comme il n'est pas un fruit, je ne l'acquerrai que par cette même usucapion.

L'adjudication constitue un juste titre. Dans les actions *familiæ erciscundæ*, *communi dividundo*, *finium regundorum*, le jugement, qui peut même transférer la propriété, est un juste titre d'usucapion (1). Si des biens que je croyais communs entre vous et moi appartiennent à des tiers, et qu'après une action en partage je commence de les posséder en vertu de l'adjudication, rien ne s'opposera à ce que je les usucape.

La remise du montant de la *litis æstimatio* con-

(1) D. Marcel. 17, de usurp.

stitue également un titre d'usucapion ; et la valeur livrée au demandeur, qu'il s'agit de désintéresser, peut être usucapée par lui (1).

Il y aurait encore juste titre si la possession résultait d'un payement, qu'on eût livré soit la chose même qui faisait l'objet de l'obligation, soit toute autre chose agréée par le créancier (2).

La transaction est une juste cause d'usucapion (3).

On ne peut usucaper *pro hærede* que les choses qui n'ont pas été appréhendées par l'héritier. Si seul héritier, et vous croyant héritier pour partie, je vous ai livré des biens héréditaires, vous ne pouvez les usucaper *pro hærede ;* je les ai possédés et vous n'auriez aucun autre titre d'usucapion que celui-là (4).

Si Titius, contre qui je voulais demander un fonds, m'en a cédé la possession, j'aurai là une juste cause d'usucapion; pareillement, si celui contre qui je voulais réclamer un fonds, en vertu d'une stipulation, me le remet, je pourrai l'usucaper (5).

Un jugement peut-il servir de juste cause pour l'usucapion? Ce cas a soulevé de sérieuses difficultés.

Il nous faut d'abord exclure de la discussion, soit dans les actions réelles, soit dans les actions personnelles, l'hypothèse où le défendeur est absous, car

(1) D. 41, 4, 3.
(2) D. 41, 3, 46 et 48.
(3) D. Pomp. 29, de usurp.
(4) D. Pomp. 29, de usurp.
(5) D. 33, 3° eod.

le jugement qui a seulement déclaré le demandeur mal fondé ne modifie en rien le titre du défendeur et ne constitue pas un nouveau titre de possession pour lui.

Mais quand, dans une action réelle, le juge déclare que la chose revendiquée appartient au demandeur, et ordonne au défendeur de la lui restituer, doit-on dire que la possession qui résultera de cette restitution donnera lieu à une usucapion *ex causa judicati?*

Je ne pense pas qu'on soit fondé à le croire.

Trouverons-nous dans le jugement les caractères de la *justa causa* tels qu'il ressortent des règles de l'usucapion? Il n'y a point, de la part du juge, intention de transférer la propriété : tout jugement est déclaratif et non attributif de droit. Le juge examine le droit contesté, statue sur la validité de droits antérieurs; mais si son devoir est de les interpréter, il n'a pas, en principe, le droit d'en créer de nouveaux.

Lors même qu'il ordonne au défendeur la restitution de la chose que ce défendeur n'a usucapée qu'après la *litis contestatio*, qu'il lui enjoint de retransférer la propriété au demandeur ; ce n'est point à un nouveau titre, mais pour rendre aux parties la position qu'elles auraient eue si le jugement avait été simultané à la demande.

On ne peut dire que le jugement ajoute à la bonne foi du demandeur en purgeant les vices du titre antérieur : nous avons montré combien sont choses distinctes, juste titre et bonne foi.

On ne saurait même argumenter des lois 29 et 33, 3° de notre titre, car ces lois supposent une concession de la part du défendeur, et, par suite, une sorte de payement avec intention de transférer la propriété, ce qu'on ne trouve pas chez le défendeur qui succombe.

Dans les actions personnelles, quand le défendeur, pour se libérer, a donné des écus ou une chose qui ne lui appartenait point, que déciderons-nous? On pourra dire qu'il y a eu usucapion *pro judicato*, comme il y aurait usucapion *pro soluto*, lorsqu'on a satisfait à l'obligation née d'un contrat.

De même, dans les actions arbitraires, où le juge ne condamne qu'après avoir ordonné de satisfaire à une obligation, si le défendeur, pour éviter la condamnation, livre la chose, le demandeur l'usucapera *ex judicati causa*. Telles sont du moins les conjectures les plus vraisemblables et seules conformes aux principes.

Il ne suffit pas que la possession soit fondée sur un juste titre, il faut aussi qu'elle soit de bonne foi.

La bonne foi, dans la matière qui nous occupe, consiste dans l'opinion où l'on est d'avoir acquis la propriété pensant que celui qui voulait la transmettre était réellement propriétaire et capable d'aliéner, soit comme maître, soit comme mandataire.

On a dit quelquefois que la bonne foi était l'ignorance du droit d'autrui sur ce que nous possédons.

Celui qui achète d'une personne à qui le préteur défend d'aliéner, bien qu'il soit de bonne foi, ne pourra usucaper; mais le dol du vendeur capable ne nuirait point à l'acheteur, à moins que ce dol ne constituât un vol, ce qui ne peut s'appliquer qu'aux meubles.

Il semble qu'il ne puisse exister de contrat là où le consentement des parties n'est point légal; cependant, comme *utilitatis causa*, on avait admis que l'opinion de la capacité de celui avec qui l'on traitait, fondée sur une erreur plausible, ne nuisait pas à l'acheteur, on permettait d'usucaper à celui qui traitait avec un fou et avait dû le prendre pour un homme sain d'esprit (1).

Si je pense que les lois s'opposent à l'usucapion de ce que je possède, ou que je ne suis pas capable d'acquérir la chose qui m'a été livrée, lors même que je me tromperais, il faut encore dire que je ne puis usucaper, soit parce que je ne suis pas de bonne foi, soit parce que l'erreur de droit ne peut protéger l'usucapion (2).

On peut cependant se tromper sur sa condition personnelle et n'être point constitué de mauvaise foi, pourvu qu'il existe un juste titre. Un fils de famille achète une chose, et commence à la posséder en cette qualité. Il ignorait qu'il fût devenu père de famille :

(1) D. Paul, 13, 1, de usurp.
(2) D. Pomponius, 32, 1, de usurp.

il pourra usucaper, bien qu'il n'ait pas cru posséder pour lui-même, mais pour son pécule. De même, s'il ignore que son père soit mort, il acquerra pour l'hérédité ; ce ne sont là que des erreurs de fait justifiées par de légitimes présomptions.

La bonne foi est nécessaire pour l'acquisition de la possession; mais il n'est pas besoin qu'elle persiste dans toute sa durée. Si un homme a commencé de posséder légalement, il peut devenir de mauvaise foi, cela ne le constituera pas possesseur clandestin; car ce n'est pas à la manière dont on conserve, mais à celle dont on acquiert la possession qu'il faut s'attacher.

Dans le cas où il y a eu achat de la chose d'autrui, faut-il pour que la possession puisse servir que la bonne foi ait existé au moment de la vente ou qu'elle ait existé au moment de la tradition?

Les Proculiens avaient sans doute conclu des termes de l'édit où le préteur rapportait la *bona fides* à l'*emptio*, tandis qu'il ne paraissait la rapporter qu'à la tradition dans les autres cas, que pour la vente la bonne foi était nécessaire au moment du contrat.

Les Sabiniens, eux, faisaient observer qu'outre la *bonæ fidei emptio*, il est dans l'édit fait mention de la tradition, et que la tradition est une suite de la vente comme de beaucoup d'autres contrats; de sorte qu'ils exigeaient la bonne foi non-seulement au moment de l'achat, mais aussi et en outre au moment de la tradition. C'est leur opinion qui a prévalu (1).

(1) D. Ulp. 10, pr. de usurp. — Jul. 6, 2, 7, 17.

Dans le cas où l'acquisition a eu lieu en vertu d'un testament ou d'une stipulation; c'est, de l'avis de tous les jurisconsultes, au moment de la tradition qu'il faut s'attacher.

Il faut observer cependant que si j'ai perdu la possession d'une chose que je possédais de bonne foi, et que je ne l'aie ensuite recouvrée qu'après avoir su qu'elle appartenait à un tiers, le commencement de la seconde possession étant vicieux, ne mènera pas à l'usucapion. Pour que l'usucapion ait lieu, il faut que la bonne foi existe à partir de la nouvelle prise de possession, et alors elle se légitime toujours par la cause qui justifiait la possession première.

Quand on usucape de bonne foi une esclave et qu'avant la naissance du part on découvre qu'elle appartient à autrui, sans qu'elle ait été volée cependant, on continue d'usucaper cette esclave en vertu de la possession qui était de bonne foi *ab initio*, et l'on usucape également le part, bien qu'on ne semble le posséder réellement qu'à partir de sa naissance, attendu qu'on l'usucape au même titre que la mère. S'il en est autrement pour le part de l'esclave volée, si la bonne foi est exigée à sa naissance, c'est qu'on ne pouvait usucaper la mère, et que pour usucaper le part, il fallait qu'il eût une existence distincte (1).

A l'inverse, une possession qui n'avait pu d'abord être utile pourra le devenir, si le vice résultait *non ex persona sed ex re*, et que la chose eût changé de condition. Par exemple, si celui qui m'a vendu une

(1) D. Paul, 44, 2, de usurp.

chose volée devient héritier du voleur; si le mari qui m'a inutilement vendu le fonds dotal devient après la mort de sa femme propriétaire de ce fonds (1).

Si la prise de possession a lieu par un esclave de mauvaise foi, l'usucapion ne sera jamais possible : la mauvaise foi de l'esclave nuit au maître.

Que si l'esclave est de bonne foi, cela ne suffit point nécessairement : il y a lieu de distinguer entre l'acquisition *peculiari nomine* et *domini nomine*. Quand la chose est prise à raison du pécule, il suffit que le maître ne sache pas que la chose est à autrui, et cela au moment de la tradition faite à l'esclave. Le commencement de la possession n'étant pas vicieux, le maître peut alors impunément devenir de mauvaise foi, ainsi que nous l'avons dit plus haut.

Quand l'opération a lieu au nom du maître, c'est sa volonté qu'il faut seule considérer; il ne suffit plus qu'il ait une bonne foi négative, il faut qu'il ait l'intention d'acquérir, et l'opinion que la chose est bien à celui de qui l'esclave la reçoit. C'est au moment où il croira qu'elle lui est acquise que doit se placer sa bonne foi.

C'est à celui qui conteste l'usucapion, d'établir la mauvaise foi du défendeur. C'est au possesseur, selon l'opinion la plus généralement répandue, à prouver que la chose lui a été livrée en vertu d'un juste titre.

L'usucapion prend son fondement et son principe

(1) D. Pap. 42, de usurp.

dans le commencement de la possession, le changement de possession ne se présume pas. Celui qui a commencé à posséder pour autrui ne peut usucaper, car il n'a pas de possession propre, du moins tant que la qualité en vertu de laquelle il a occupé la chose subsiste.

Les héritiers de ceux qui possèdent à titre précaire n'usucapent pas non plus, car ils représentent leur auteur, et leur qualité n'opère pas un changement dans la possession qui leur est acquise.

Il faut que ce changement de possession soit *justus*, c'est-à-dire de nature à légitimer la prétention actuelle, d'un fermier par exemple, à se considérer désormais comme propriétaire de la chose ; il faut que ce changement provienne du fait d'une tierce personne : c'est ce qui aura lieu si le fermier achète la chose de celui qu'il peut en croire le maître, et qui cependant ne l'est pas ; ou enfin que ce changement résulte de la contradiction opposée par le fermier à son locateur, en prétendant exclusivement et d'une manière formelle avoir le droit de propriété.

L'esclave qui s'enfuit, lors même qu'il se conduit en homme libre, ne cesse pas d'être possédé par son maître ; mais du moment où il aura soulevé une *causa liberalis*, soutenu qu'il n'est pas esclave, fait porter sa prétention en justice, on ne pourra plus dire qu'il est possédé par celui qui précédemment passait pour son maître. La position du maître aura changé par suite de la contradiction que l'esclave lui oppose.

Il y avait autrefois des cas où l'on pouvait usucaper sans bonne foi ni juste titre.

Ces cas sont :

1° Lorsqu'une personne avait *jure pignoris* mancipé ou cédé *in jure* sa chose à son créancier, en convenant avec celui-ci que, dans le cas du payement de la dette, il lui en retransférerait la propriété ; la chose ainsi aliénée pouvait redevenir, par un an de possession, la propriété du débiteur ; et il n'était pas nécessaire qu'il l'eût recouvrée en vertu d'une juste cause, ni de bonne foi ; il suffisait, quand il n'avait pas acquitté sa dette, qu'il fût rentré en possession de la chose autrement qu'à titre de locataire ou à titre précaire, et, quand il avait payé sa dette, qu'il en eût repris la possession d'une manière quelconque.

2° Quand une personne avait transmis la propriété d'un objet à un ami, en vue d'un dépôt, et en convenant avec cet ami qu'à la première réquisition il la lui retransférerait ; si cette personne rentrait en possession de la chose d'une façon quelconque, au bout d'un an elle l'avait usucapée.

3° La personne qui se mettait en possession d'une hérédité dont l'héritier véritable n'était pas encore nanti pouvait l'usucaper par un an, et cela, il faut le remarquer, quand bien même l'hérédité eût contenu des immeubles ou n'eût compris rien autre. L'hérédité, en effet, n'était pas un immeuble, et rentrait par conséquent dans les *ceteræ res* pour lesquelles la loi des Douze Tables avait fixé à un an le délai de l'usucapion.

Les motifs qui avaient porté les anciens à admettre cette prompte usucapion des hérédités dans des conditions qu'on peut appeler déloyales (*improbæ*) étaient de pousser les héritiers à faire promptement adition afin que les créanciers trouvassent à qui s'adresser, et pour empêcher qu'il n'y eût interruption dans les sacrifices privés.

L'usucapion des hérédités comme chose abstraite cessa d'être possible à une époque qu'il est difficile de préciser ; mais il resta des vestiges de ses principes dans l'usucapion des objets héréditaires pris individuellement. En effet, celui qui sans titre ni bonne foi possédait, en se prétendant héritier, des meubles ou des immeubles d'une hérédité, en devenait propriétaire incommutable par un an de possession. Jusque-là cette usucapion a encore son caractère lucratif, *nam sciens quisque rem alienam lucrifacit* : mais ce caractère, elle le perd sous Adrien, en vertu d'un sénatus-consulte qui ordonne que ces usucapions seront révoquées ; de sorte que l'héritier véritable, en agissant contre celui qui a usucapé les choses héréditaires, les obtient absolument comme si l'usucapion n'en n'avait pas eu lieu.

4° Le débiteur du peuple romain qui avait engagé à sa dette soit un meuble soit un immeuble, pouvait aussi sans titre et sans bonne foi, après que faute de payement sa chose avait été vendue, recouvrer par usucapion la propriété de cette chose.

Mais alors, s'il s'agissait d'un immeuble, ce n'était plus au bout d'un an, mais de deux ans qu'on en recouvrait la propriété. Cette usucapion s'appelait *usureceptio ex prædiatura* : elle s'explique par le peu de sympathie accordée à ceux qui spéculaient sur la ruine de débiteurs malheureux, et achetaient presque toujours à bas prix les biens des insolvables (1).

5° Lorsqu'il y avait *usucapio longissimi temporis*.

6° Lorsqu'il y avait *usucapio libertatis servitutium* (2).

CHAPITRE IV.

DES DÉLAIS D'USUCAPION. — DE L'ACCESSION DES POSSESSIONS.

1° *Des délais d'usucapion*. Nous arrivons au dernier élément de l'usucapion, au temps. C'est le temps qui fortifie la présomption basée sur la possession. D'après la loi des Douze Tables, il fallait deux ans pour usucaper les immeubles, un an pour usucaper les autres choses.

Sous Justinien les meubles peuvent être usucapés par trois ans, et les immeubles par dix ans entre présents, vingt ans entre absents. L'usucapion est considérée comme ayant lieu entre présents lorsque le possesseur et le propriétaire habitent la même province, comme ayant lieu entre absents lorsqu'ils n'habitent pas les mêmes provinces.

(1) G. II, 52-62.
(2) D. Paul, 4. 29. — Gaius, 6. — Pomp. 7, de serv. præd. urb.

Cette différence, du reste très-considérable, entre les deux délais accordés aux propriétaires pour agir, peut s'expliquer par la nécessité où était le propriétaire d'amener personnellement le possesseur *in jus*. Si l'on considère l'étendue des diverses provinces de l'empire romain, et si l'on tient compte des difficultés de communication qui pouvaient empêcher le citoyen qui habitait l'Assyrie ou l'Égypte de connaître les empiétements commis en Italie sur ses fonds, on ne s'étonne pas de l'augmentation du délai qui lui est accordé pour revendiquer, quand il n'habite pas dans la même province que le possesseur.

Lorsque le temps de l'usucapion a commencé entre présents, et qu'ensuite l'une des parties se transporte dans une province nouvelle, l'usucapion se complète par un nombre d'années d'absence double de celui qu'il eût fallu pour qu'elle se trouvât accomplie entre présents.

Dans l'usucapion, le délai ne se calcule pas d'un moment à un autre, mais par jours. On ne se préoccupe pas du jour *a quo*; quant au *dies ad quem*, il vaut en son entier, bien qu'il soit à peine entamé.

Il en était autrement pour les *præscriptiones*, il fallait que le *dies ad quem* fût révolu. C'est qu'en effet la prescription, se fondant sur ce que le demandeur n'a pas agi, pendant dix ans par exemple, l'exception n'est plus exacte si le dernier moment de la dernière année n'est pas écoulé, tandis qu'en matière d'usucapion le possesseur possède réellement la chose, depuis un an par exemple, dès qu'il l'a possédée un instant du dernier jour de l'année.

L'usucapion, soit des choses mobilières, soit des choses immobilières, continue de courir même contre ceux qui ne sont pas dans le cas de pouvoir l'interrompre, sauf cependant restitution *in integrum*. Il en est autrement pour la prescription. Ainsi, lorsque celui contre lequel on prescrivait était absent pour une mission qui intéressait l'État ou pour les affaires du prince, lorsqu'il avait été fait prisonnier, lorsqu'il était mineur, enfin, lorsque, par une circonstance de force majeure, il était empêché d'agir, et dans quelques autres cas encore, la prescription était suspendue.

En général, toutes les fois que la personne à laquelle on aurait opposé la prescription pouvait obtenir une restitution *in integrum*, on préférait ne pas tenir compte du temps pendant lequel protection était accordée, et la prescription ne lui était opposable qu'après un nouveau délai correspondant au temps de la minorité, de l'absence ou de la captivité.

2° *De accessione possessionum*. Il n'est pas toujours nécessaire que celui qui usucape ait possédé tout le temps par lui-même ou par ceux qui sont en sa puissance, car il lui est assez souvent permis de joindre sa possession à celle de son auteur (1).

On pourrait croire, d'après les termes de Justinien aux Institutes, que l'*accessio possessionum* n'existait d'abord que pour la prescription; que ce

(1) D. Paul, 31, 2, de usurp.

fut lui qui, dans une de ses constitutions, l'étendit à l'usucapion ; mais il semble hors de doute que les mots : *quod nostra constitutio in usucapionibus similiter observari constituit ut tempora continentur*, se réfèrent à la nouvelle usucapion qu'il avait lui-même créée, et que l'*accessio possessionum* existait également dans l'ancien droit et à l'égard de l'usucapion, et à l'égard de la prescription. Entre l'héritier et la personne à laquelle il succède il n'y a pas *accessio possessionum*, mais continuation de la possession existante. C'est donc à la personne du défunt qu'il faudra s'attacher en cette hypothèse, puisque la possession de l'héritier n'est que celle du défunt continuée ; et pourvu qu'elle ait été juste en la personne du défunt, peu importe la possession de l'héritier. L'héritier peut être de mauvaise foi, la bonne foi du défunt le couvrira ; mais si c'est à lui-même que la chose est livrée en vertu d'un contrat intervenu avec son auteur, la bonne foi lui sera nécessaire ; car ce ne sera plus une continuation de possession, et c'est au commencement de toute possession qu'est exigée la bonne foi (1).

Si le défunt a été de mauvaise foi, l'héritier même de la meilleure foi ne peut commencer une possession utile : le vice de la possession de son auteur affecte la sienne, à moins que ce vice ne provienne de la chose et non de la personne : en ce cas, bien que la possession n'ait pu commencer chez le défunt,

(1) D. Pap. 43, pr. de usurp.

l'héritier usucapera si la chose, par exemple, a cessé d'être furtive, est rentrée dans le commerce, en un mot, est devenue susceptible d'usucapion (1).

Le temps qui s'écoule entre la mort du *de cujus* et l'adition de l'hérédité ne suspend pas la possession pour l'usucapion, car l'héritier et l'hérédité, bien qu'il y ait là deux noms, ne remplacent qu'une seule personne, celle du défunt (2).

L'usucapion qui a commencé en la personne du défunt peut même se parfaire avant l'adition de l'hérédité, *quia hereditas sustinet personam defuncti* (3).

Mais si l'esclave héréditaire avait reçu la chose après la mort de son maître, aurait-il pu acquérir à l'hérédité jacente, ou aurait-il fallu attendre l'adition de l'hérédité ? On avait douté que l'usucapion pût commencer à l'égard d'une chose que le défunt n'avait pas possédée, et ce ne fut que plus tard, exceptionnellement, que l'on assimila aux cas où le maître aurait reçu lui-même la chose, ceux où l'esclave, *nomine peculii*, en aurait pris possession. Au reste, il était assez naturel que l'esclave pût acquérir à l'hérédité en vertu de l'autorisation générale et primitive du maître, persistant malgré la mort du maître.

On entend par héritiers tous ceux qui succèdent à l'universalité des droits du défunt.

(1) D. Pomp. 24, 1, de usurp.
(2) D. Paul, 31, 3, eod.—41, 3, 22.
(3) D. Ner. 40, eod.

C'est une constitution de Sévère qui a permis aux successeurs à titre particulier de joindre à leur possession celle de leur auteur. On a douté, ainsi que nous l'avons dit, qu'elle s'étendît à l'usucapion avant Justinien; mais Paul (2, 20, *Pro emptore*) et Théophile dans sa paraphrase ne permettent pas de soutenir cette opinion.

L'*accessio possessionum* a lieu au profit des successeurs à titre particulier.

Celui qui a succédé à titre onéreux peut alléguer les mêmes moyens que son auteur. Si vous me vendez un esclave, la possession que vous en aurez eue me comptera pour l'usucapion. Ce bénéfice fut plus tard étendu même aux successeurs à titre gratuit (1).

Comme l'accession a lieu entre personnes qui ont une possession distincte, il faut s'attacher au caractère de la possession tel qu'il peut être chez chacune d'elles. Bien que la possession de mon auteur ait été susceptible de produire tous ses effets pour l'usucapion, si je suis de mauvaise foi, je ne pourrai usucaper. A l'inverse, si c'est la possession de l'auteur qui est vicieuse, quelle que soit ma bonne foi, cette possession ne pourra me servir.

En un seul cas, si le fonds dont s'est emparé un possesseur de mauvaise foi m'est restitué par l'ordre du juge, la possession vicieuse du *prædo* peut se joindre à la mienne : je suis en quelque sorte réputé n'avoir point cessé de posséder.

(1) D. Paul, 14, 1, de usurp.

Bien que je ne pusse joindre à ma possession la possession vicieuse de mon auteur, rien ne s'opposerait à ce que je pusse usucaper moi-même, si j'étais de bonne foi : il n'y a plus, comme dans l'hypothèse de l'héritier, une possession unique, au commencement de laquelle il faille s'attacher, mais deux possessions séparées pouvant avoir des caractères différents.

La novelle 119 avait à ce sujet introduit une distinction : il fallait que le véritable maître de la chose eût connaissance de l'aliénation et de l'action qui lui compétait, faute de quoi il n'était accordé au possesseur que la prescription de trente ans.

Pour que la jonction des possessions eût lieu, il fallait donc que les deux possesseurs fussent de bonne foi.

Dans le cas d'achat d'un esclave avec *lex commissoria*, on s'était demandé si le vendeur, après que la condition de la restitution se serait réalisée, pourrait compter pour l'usucapion le temps pendant lequel la chose avait été en la puissance de l'acheteur. Javolenus se prononce pour l'affirmative ; mais son opinion avait été contestée, attendu qu'on pouvait douter qu'il y eût deux possessions à réunir, alors que les résultats étaient les mêmes que s'il n'y avait eu ni vente ni achat.

Si une chose est confiée en dépôt, c'est le déposant qui garde la possession, car il possède par le dépositaire ; mais si la chose a été remise à un séquestre, c'est le séquestre qui possède, puisque la chose ne lui a été confiée qu'afin que ni l'un ni l'autre des contendants ne possédât; et le résultat de la lutte décidera laquelle des deux parties joindra la possession du séquestre à la sienne (1).

Il pouvait se faire que la possession fût interrompue et qu'il y eût ultérieurement lieu à une possession nouvelle, absolument comme si la possession n'avait pas existé.

Il y a interruption lorsque le possesseur a été expulsé violemment d'un fonds, lorsque la chose lui a été enlevée. En pareil cas, ainsi que nous l'avons dit, la chose devient *furtiva* ou *vi possessa*, et tant que le vice qui l'entache n'est pas effacé, elle ne peut pas plus être usucapée par ceux qui n'ont point participé à la violence ou au vol que par les auteurs mêmes de l'expulsion ou du vol (2).

La possession est encore interrompue si celui qui possédait est pris par les ennemis; seulement l'on se demandait si l'usucapion ne pourrait pas s'accomplir au profit de son héritier. Pour ce qui est du captif, il est bien certain qu'il n'eût pu se prévaloir de la fiction du *postliminium* pour prétendre qu'il n'avait jamais cessé de posséder; car, en fait, la possession lui a échappé de son vivant, et le *postliminium* n'a d'influence que sur les droits. Eh bien! si la possession interrompue et par suite anéantie pour le captif ne peut lui servir, lors même qu'il

(1) D. 16, 3, 17, 1.

(2) D. Gaius, 5, de usurp.

revient, comment pourrait-elle profiter à l'héritier qui n'est que le représentant du défunt?

Sur ce point, tous les jurisconsultes se trouvèrent d'accord; mais il y eut controverse pour le cas où la chose qu'il s'agit d'usucaper a été reçue par un esclave investi d'un pécule. Julien pensait qu'alors l'usucapion pourrait être considérée comme accomplie au profit du maître, si ce maître sortait de captivité; et, dans certaines hypothèses, il paraissait disposé à admettre que, dans le cas où le captif mourrait chez l'ennemi, la possession pût, par application de la loi Cornelia, profiter à ses successeurs.

Marcellus, lui, ne voulait pas qu'en aucun cas on regardât la possession comme continuée. Dès que le maître était captif, disait-il, comment concevoir qu'une personne eût plus de droit, après son retour, en vertu du *postliminium*, relativement aux choses que ses esclaves avaient possédées, que relativement aux choses qu'il possédait, soit par lui-même, soit par ses esclaves, au moment où il était pris par l'ennemi? Et cette décision concernait également les héritiers du captif mort chez l'ennemi, puisque l'hérédité et subséquemment les héritiers ne représentent que la personne du *de cujus* (1).

Toutefois, ce fut l'opinion de Julien qui prévalut.

Nous arrivons à un autre mode d'interruption assez curieux et particulier au droit romain. Que si je prenais à location ma propre chose, qu'une per-

(1) D. Paul. 15, pr. de usurp.—4, 15, 12, 2.

sonne était sur le point d'usucaper *pro hærede*; le louage était nul parce qu'on ne pouvait devenir locataire de sa propre chose. L'usucapion dès lors était interrompue, parce que le louage étant nul, je ne possédais pas pour le locateur qui, lui, ne possédait plus. Même décision dans le cas de vente faite par le possesseur au véritable maître de la chose (1).

Même décision encore si j'ai reçu de vous en gage une chose qui m'appartenait, et que vous possédiez de bonne foi, ignorant qu'elle m'appartînt; son retour entre mes mains interrompra votre usucapion. Il en serait autrement si la chose n'avait pas été livrée, ou s'il n'y avait eu qu'un simple droit d'hypothèque sans tradition de la chose.

Bien que le débiteur qui donne un gage transfère au créancier la possession de la chose *ad interdicta*, nous avons vu qu'il retenait la possession en tant qu'elle conduisait à l'usucapion, qu'il était réputé posséder, tant que la chose était chez le créancier, et cela dans l'intérêt même du créancier pour consolider son gage; mais si le créancier transfère à un autre la possession, le débiteur ne possédera plus; il en faut dire autant du déposant ou du locateur pour la chose louée ou déposée. L'usucapion du débiteur n'eût pas été interrompue si le créancier avait, par simple convention, consenti à un tiers une hypothèque sur la chose sans en remettre la possession à ce tiers; car il n'eût pas cessé de posséder *ad usucapionem* pour le débiteur.

(1) D. Jav. 21, de usurp.

Il n'y a d'interruption de la possession que par voie de dépossession matérielle. Les Romains n'admettaient pas en matière d'usucapion l'équivalent de l'interruption civile du droit français. Toutefois, sous Justinien, la possession fut interrompue dès l'instant où la controverse s'élevait entre le propriétaire et le possesseur; et quand le défendeur était absent, s'il était impossible de le citer en justice, il fut permis d'interrompre l'usucapion par un placet adressé au président, et, à défaut, à l'évêque ou au défenseur de la cité.

DROIT FRANÇAIS.

DE LA SUSPENSION DE LA PRESCRIPTION.

2251—2260.

1. La suspension de la prescription est un obstacle temporaire qui empêche la prescription de continuer son cours, et met en réserve tout le temps antérieur pour le joindre, lorsqu'elle cessera d'être, à celui qui suit. Aussi a-t-on dit avec raison de la prescription qui était suspendue qu'elle sommeillait, *dormit præscriptio*. On a encore comparé la suspension, d'une manière assez heureuse, à un barrage élevé dans une rivière : le barrage en arrête momentanément le cours, sans empêcher qu'il ne se suive, une fois l'obstacle surmonté ou supprimé.

Il faut la distinguer de l'interruption, qui, loin de mettre en réserve le temps écoulé, le rend inutile, et oblige à une possession nouvelle, réunissant toutes les conditions légales, comme si l'on n'avait jamais été en voie de prescrire.

Il peut y avoir interruption d'une prescription actuellement suspendue, car la suspension est toute dans l'intérêt de celui en faveur de qui elle existe.

2. La suspension de la prescription évite, dans notre droit, la nécessité des restitutions *in integrum*, et protége des personnes qui auraient pu se trouver, sinon en droit, du moins en fait, dans l'impossibilité soit de constater les empiétements commis à leur préjudice, soit d'agir en justice.

Si votre position et votre inhabileté personnelle vous obligent à vous effacer en présence de personnes qui devraient vous protéger, et dont la diligence n'est pas telle qu'on aurait pu l'attendre d'elles; si l'influence de ceux auxquels vous devez le respect et l'obéissance a pu vous condamner au silence et peser sur vos résolutions; si, en un mot, votre inaction s'explique par des circonstances contre lesquelles on ne peut guère vous reprocher de n'avoir pas lutté, il semble assez naturel que la loi vous vienne en aide, et vous soustraie aux déchéances que rigoureusement vous auriez dû encourir.

C'est à la règle *contra non valentem agere non currit præscriptio* qu'il faut rattacher toutes les causes d'où la loi fait découler une suspension de prescription; mais ce principe si juste soulevait autrefois dans la pratique de grandes difficultés; on disait bien que la prescription ne pouvait courir contre celui qui était empêché d'agir; mais s'agissait-il de limiter ces empêchements, d'en apprécier le caractère, chacun faisait plus ou moins subtilement des distinctions sur lesquelles on tombait rarement d'accord.

3. Notre Code a cru devoir rompre avec des tra-

ditions dangereuses et imprimant à la suspension le caractère exceptionnel qu'on avait essayé de lui enlever; il a posé en principe que la prescription courrait contre toutes personnes, à moins qu'elles ne fussent dans quelque exception établie par la loi (art. 2251).

4. Quelques auteurs ont cru devoir résister à la décision si formelle du Code. Ils distinguent entre les causes de suspension personnelles et celles qui résultent de faits extérieurs, étrangers à la capacité de la personne. Ils prétendent que le Code n'a pu et n'a voulu parler que des premières; il pouvait, en effet, s'expliquer par rapport à elles, parce que se rapportant à l'état des personnes, elles étaient de leur nature limitées; quant aux causes de suspension résultant de faits extérieurs, elles sont, d'après ces jurisconsultes, trop nombreuses pour que la loi les ait pu prévoir; c'est pourquoi il appartient aux tribunaux d'apprécier les circonstances qui peuvent mériter faveur à ceux qui seraient victimes de la prescription. L'art. 2251 n'aurait donc point limité la règle *contra non valentem agere non currit præscriptio*, dont nulle part d'ailleurs on ne trouve l'abrogation.

Mais il me semble fort difficile d'entendre ainsi l'art. 2251 : la généralité de ses termes tend à prouver qu'il s'applique également aux causes de suspension qui sont personnelles et à celles qui ne le sont pas. Si la règle *contra non valentem* n'a pas été abrogée en termes exprès, le législateur n'en a pas moins clairement manifesté son opinion, posant en principe qu'il n'y aurait de causes de suspension que celles qui seraient spécialement prévues par la loi.

Notre opinion ne peut être taxée de dureté ; en effet, en présence des longs délais de la prescription, il est utile de ne pas tenir compte d'empêchements plutôt accidentels que juridiques. Et s'il nous est permis de parler en législateur, il nous paraîtrait bon que le Code français n'admît aucune suspension, sauf à protéger ceux au profit desquels il l'admet aujourd'hui, par des recours et moyens suffisamment efficaces contre ceux dont ils auraient subi la négligence ou la déloyauté.

5. Les partisans de l'opinion contraire à la nôtre ont argumenté d'un avis du Conseil d'État régulièrement approuvé et inséré au Bulletin des Lois (janv. 1815), d'après lequel avis les juges de commerce pourraient, en matière de protêt, apprécier si des circonstances de force majeure n'autoriseraient pas à admettre des suspensions autres que celles formellement prévues par le Code civil (1).

(1) Considérant que, lors de la discussion du Code de commerce au Conseil d'État, l'opinion qui a prévalu a été de ne point fixer de limites à l'application de l'exception tirée de la force majeure, et de laisser les tribunaux juges des cas et des circonstances qui devaient la faire admettre en matière de protêt ; est d'avis que l'exception résultant des événements de guerre est reçue pour relever les porteurs de lettres de change et de billets à ordre, de la déchéance encourue à défaut de protêt à l'échéance et de dénonciation dans les délais, et que l'application, selon les cas et les circonstances, est abandonnée à la prudence des juges. (Janvier 1815.)

Avis confirmé par une circulaire du ministre au préfet du Rhône, le 24 avril 1834 : « La chambre du commerce voudrait qu'une loi fût im-

Mais si le Conseil d'État a reconnu cette faculté aux tribunaux de commerce, cela se peut expliquer par cette considération qu'il s'agit d'une matière toute spéciale, dans laquelle la loi prise à la lettre aurait infligé des déchéances impitoyables après un délai de la plus extrême brièveté.

Selon nous, lorsque des circonstances vraiment exceptionnelles le demanderont, ne sera-t-il pas toujours possible de rendre une loi particulière, qui obviera d'une manière transitoire à des impossibilités momentanées dûment constatées?

C'est ainsi que Dunod nous apprend qu'une ordonnance fut jugée nécessaire dans le comté de Bourgogne, de 1636 à 1650, pour suspendre la prescription, bien que la guerre et la peste eussent fait cesser le cours de la justice. La même chose se reproduisit au temps de la Ligue, en 1596; sous la révolution, en Vendée, le 22 août 1793, et le 23 frimaire an II; et plus récemment, en 1856, lors d'inondations, aux termes d'un décret en matière de protêt.

6. De même que nous croyons une loi nécessaire pour suspendre la prescription à raison de certains événements de force majeure, qui se produisent à

« médiatement présentée, pour soustraire à la déchéance les porteurs des « effets de commerce qui n'ont pu être protestés en temps utile, à raison « des troubles dont Lyon vient d'être le théâtre. Le gouvernement pense, « comme vous et comme la chambre du commerce, que les derniers évé- « nements sont un de ces cas de force majeure qui, d'après la jurispru- « dence, exemptent de la déchéance les porteurs d'effets de commerce « auxquels les circonstances n'ont pas permis de remplir les formalités « du protêt, mais il ne croit pas que pour accomplir cet acte d'équité « une loi soit nécessaire : la jurisprudence est formelle et suffisante. »

l'intérieur de la France, de même nous pensons qu'il faudrait une loi positive, si notre pays était en guerre avec l'étranger, pour suspendre la prescription dans les rapports entre nos nationaux et les sujets du pays ennemi. Tant qu'un décret spécial, comme celui du 8 juillet 1803, qui ordonnait que jusqu'au rétablissement de la paix il ne serait admis devant les tribunaux aucune instance pour les engagements contractés par des négociants français envers les Anglais; tant qu'un décret spécial ne serait point intervenu, disons-nous, ou qu'une défense formelle de communiquer n'aurait pas été mise à la suite de la déclaration de guerre, la prescription ne serait point suspendue. A notre avis, elle ne peut l'être, puisqu'il n'y a d'exception que celle établie par la loi, et que la loi est muette. L'art. 2251 n'est pas autre chose qu'une protestation contre les interminables controverses des jurisconsultes, et les nombreux dissentiments de l'ancienne jurisprudence.

Parcourons différentes hypothèses dans lesquelles des empêchements de fait ne pourraient pas, malgré l'apparente faveur qui s'y attache, être pris en considération. (1).

7. La prescription est-elle suspendue au profit des militaires ou autres personnes employées dans les armées en temps de guerre?

Le droit romain restituait *in integrum* tout militaire qui, se trouvant en expédition, avait perdu quelque droit pendant son absence.

(1) Dunod. p. 63. — *Contrà* : Merlin, Vazeille.

Sous la République, on sentit le besoin de veiller à la conservation des biens des défenseurs de la patrie, et l'art. 2 de la loi du 6 brumaire an v poussait, à cet égard, fort loin la prévoyance : « Aucune pres« cription, expiration de délais, ou péremption « d'instance, ne peut être acquise contre les défen« seurs de la patrie et autres citoyens attachés aux « armées de terre et de mer, pendant tout le temps « qui s'est écoulé ou s'écoulera depuis le départ de « leur domicile, s'il est postérieur à la déclaration « de la présente guerre, ou depuis ladite déclaration, « s'ils étaient déjà au service, jusqu'à l'expiration « d'un mois après la publication de la paix géné« rale, ou après la signature du congé absolu qui « leur sera délivré avant cette époque. Le délai sera « de trois mois si, au moment de la publication de « la paix ou de l'obtention du congé absolu, les « citoyens font leur service hors de la République. « mais en Europe ; de huit mois hors les colonies en « deçà du Cap, de deux ans au delà de ce Cap. »

La loi ne fait aucune distinction entre le militaire qui se trouverait momentanément dans ses foyers ou qui en serait éloigné. Comme cela ne peut être qu'accidentel, le militaire est d'une manière générale relevé de toute prescription. Peu importe qu'il ait pu par hasard veiller à ses intérêts, la présomption de la loi le protége, pourvu qu'il fasse partie de l'armée.

Cette loi était spéciale et n'avait trait qu'à la guerre commencée lors de sa publication. Le traité d'Amiens du 10 floréal an x fit espérer la cessation des hostilités; mais il fut plutôt une trêve qu'une véritable paix et ne reçut point d'exécution, les hostilités ayant été reprises peu de jours après sa ratification. On peut donc penser que la loi de brumaire ne fut point abrogée à cette époque.

Ce ne fut que le 30 mai 1814 qu'un traité de pacification générale mit fin aux circonstances pour lesquelles cette loi avait été faite. On accorda, il est vrai, par une loi du 21 décembre 1814, une prorogation du délai de l'art. 2 de la loi de brumaire jusqu'au 1er avril suivant; mais ce temps était nécessaire à des militaires trop éloignés de leur patrie pour regagner promptement leurs foyers.

La loi de brumaire, maintenant abrogée, ne pourrait s'appliquer aux guerres de l'avenir.

8. Plusieurs arrêts n'ont vu dans la loi de brumaire qu'un délai de faveur accordé au militaire pour se faire relever des déchéances et prescriptions qui n'auraient cessé de courir contre lui; ce serait une sorte de restitution renfermée dans un délai légal, et si le militaire ne se faisait point restituer dans le délai voulu, tout serait confirmé contre lui.

Cependant, il nous semble bien que le législateur a organisé une véritable suspension de la prescription; il n'a point, il est vrai, prononcé le mot, mais d'abord aucun des termes de la loi de brumaire n'est contraire à cette idée. Dire que la prescription ne peut être *acquise* contre une personne pendant tout le temps qui s'écoule *depuis* une époque *jusqu'à* une autre époque, c'est dire que la prescription n'a pas couru contre elle, et implicitement établir une suspension de prescription en élevant un obstacle temporaire qui empêche la prescription de continuer son cours. Cela est confirmé par les paroles de M. Tronchet au conseil des Anciens, et par l'exposé des motifs et les discussions qu'il a soulevées (1).

9. La prescription est-elle suspendue au profit des absents?

Le droit romain restituait *in integrum* les absents pour le service de l'État ou les affaires du prince, ceux dont l'absence était inspirée par le désir de sauvegarder leur vie, leur liberté, leur honneur, ceux qui allaient étudier dans les universités.

Les docteurs, à l'aide de ces exemples, avaient introduit des restitutions dans les cas de bannissement, exil, excommunication, maladie, exécution d'un vœu, voyage de commerce utile, et dans une foule d'autres cas où l'absence était dite privilégiée, nécessaire, ou simplement digne d'intérêt. On ne faisait pas dans ces circonstances un reproche à l'absent de n'avoir point laissé de procureur ; et même ordinairement, lorsque le mandataire était mort ou avait perdu sa capacité, le mandant obtenait encore une *restitutio*.

On peut supposer, par cette courte analyse tirée de l'ouvrage de Dunod, que les restitutions pour cause

(1) Aff. — Lyon, 12 fév. 1835. — Paris, 10 août 1835. — D. 35. 2. 382. — 38. 2. 35. — Duranton, 21. Troplong, n° 1707.

Nég. — Bourges, 6 mars 1820. — Grenoble, 16 juin 1831. — Cass., 3 nov. 1831. — Rej. 8 fév. 1830.

d'absence n'avaient pas été sans donner lieu à de nombreuses discussions ; aussi des critiques pleins d'autorité rejetaient-ils ces distinctions subtiles. D'Argentrée, Charondas, Catelan, et avant le Code civil un arrêt de la Cour de cassation, s'étaient prononcés en ce sens (1).

Sous le Code civil, l'art. 2251 confirme cette doctrine ; l'absence ne peut plus être comptée parmi les causes de suspension.

Elle n'est pas non plus une cause de restitution, car les majeurs ne sont restitués pour lésion que dans les cas prévus par la loi (art. 1313).

10. Quant à ceux dont l'existence est incertaine, c'est-à-dire aux présumés absents et aux absents dans le sens juridique du mot, ils sont représentés par des administrateurs judiciaires et par les envoyés en possession provisoire intéressés à défendre leurs intérêts. S'ils ont en quelque sorte des mandataires légaux, il n'y a donc aucune raison de suspendre la prescription à leur profit. L'art. 137 ne peut d'ailleurs laisser aucun doute à cet égard.

11. Faut-il, pour les causes ordinaires de suspension, considérer la personne des absents ou celle des envoyés en possession ? Doit-on regarder les envoyés à l'égard des tiers comme des administrateurs, des mandataires, ne pouvant agir qu'au nom de l'absent, et avec ses droits, ou bien plutôt comme des héritiers ayant des droits de leur propre chef? Et, par exemple, pour que la prescription soit suspen-

(1) Cass., 12 mai 1801.

due, lequel de l'absent ou de l'envoyé en possession provisoire doit être le mineur ou l'interdit?

Si l'absent a reparu, si le conflit s'engage entre lui et les tiers, c'est de sa propre personne qu'il devra tirer les causes de suspension (1).

Si la question s'élève entre les envoyés en possession et les tiers, les uns considèrent uniquement la qualité de l'absent ; il est le véritable adversaire des tiers, car l'envoyé en possession n'est qu'un dépositaire avec mandat (art. 125) ; si les tiers peuvent opposer la prescription contre l'absent parce qu'il est majeur, ils ne sauraient être privés de ce droit par suite d'un fait qui leur est étranger.

D'autres disent et avec raison : Les héritiers les plus proches du jour de la disparition ou des dernières nouvelles sont envoyés en possession parce qu'on suppose l'absent décédé à cette époque ; c'est à titre d'héritiers présomptifs qu'ils ont appréhendé les biens du défunt, et ils ne peuvent vis-à-vis des tiers avoir une autre qualité. Ils ne sont donc point de simples mandataires.

Au reste, si l'envoyé est majeur, il ne pourra opposer la minorité de l'absent, car il lui faudrait, ce qui est impossible, prouver l'existence dont l'incertitude même a amené l'envoi en possession. S'il est mineur, les tiers ne peuvent arguer de la majorité

(1) Cependant M. Demante soutient que l'absent peut invoquer les moyens des envoyés, aussi bien que ceux qui lui sont personnels ; qu'il suffit que l'un soit mineur pour que la prescription soit suspendue à l'égard de tous. Les envoyés ne sont-ils pas responsables vis-à-vis de l'absent? Ne doivent-ils pas être protégés par leur minorité pour qu'ils ne souffrent en définitive aucun préjudice?

de l'absent, à cause de cette même incertitude. C'est donc à la condition des envoyés qu'il faut s'attacher pour déterminer s'il peut y avoir suspension de la prescription.

12. La prescription est-elle suspendue au profit de ceux qui ignorent leurs droits?

Il ne pourrait y avoir de doute à ce sujet si la prescription reposait uniquement sur l'abandon ou la reconnaissance d'un droit, il faudrait savoir qu'on eût un droit pour consentir à l'abandonner ; mais la prescription a pour objet principal la sûreté générale de la propriété. Il sera parfois malheureux que quelques personnes soient dépouillées à leur insu ; mais admettre un recours de leur part c'est ouvrir une source nouvelle de contestations. D'ailleurs rarement l'ignorance aura été invincible, il y aura bien toujours quelque faute à reprocher à celui qui en argumenterait; mais fût-il excusable, que l'intérêt public devrait être préféré à l'intérêt de quelques particuliers.

Le droit romain avait aussi pensé qu'il convenait de sacrifier l'intérêt privé à l'intérêt général, et de prévenir des procès nombreux et délicats ; il n'accordait donc aucune *restitutio in integrum* à ceux qui avaient péché par ignorance de leurs droits.

De tous temps cela avait été reconnu, et Justinien, en augmentant les délais de l'usucapion, ne pouvait déroger aux principes admis puisqu'il rendait l'ignorance moins excusable. *Nulla scientia vel ignorantia expectanda ne altera dubitationis inextricabilis oriatur occasio* (1).

Dans l'ancien droit français, quelques jurisconsultes s'écartèrent de la doctrine romaine, et s'appuyant, chose extraordinaire, sur les termes de l'édit du préteur, *si qua alia mihi justa causa videbitur*, ils ajoutèrent outre mesure aux causes de restitution, considérant comme telles le peu de développement des facultés intellectuelles chez les majeurs non interdits, la rusticité, l'ignorance présumée des lois chez la femme. Cette doctrine pervertissait les principes de la prescription; aussi fut-elle vivement attaquée par d'Argentrée, Dunod; et des arrêts de parlement avaient déjà tranché la question dans un intérêt d'ordre public, lorsque le Code civil, dans les art. 2251 et 1313, mit un terme à des dissentiments fâcheux (2).

13. Quelque exception a été apportée à cette règle rigoureuse, comme cela s'observe dans le cas de la prescription de l'hypothèque qui commence à l'égard des tiers détenteurs, non pas du jour où cette hypothèque a été consentie, mais du jour où le titre qu'elle suppose a été transcrit sur les registres du conservateur. Le soin avec lequel le Code a limité sa protection, le court intervalle dans lequel il a enfermé l'ignorance, nous sont garants de son intention de rompre avec les traditions des anciens jurisconsultes.

(1) Cod. de usuc. transf.

(2) Dunod, chap. XI. Merlin, presc. 9, VIII.

14. — L'état de faillite du débiteur ne suspend pas la prescription qui court contre le créancier. Sans doute celui-ci ne peut plus agir en justice contre le failli; mais il lui est permis d'assigner les syndics, représentants de son débiteur. On le contraint même à produire ses titres, à affirmer la sincérité de sa créance, à une série d'actes dont l'omission paraît bien devoir faire présumer une renonciation à son droit. En restant inactif, le créancier se place ainsi sous l'empire des présomptions qui légitiment la prescription.

15. — Les servitudes s'éteignent par le non-usage; celui qui reste trente ans sans user de son droit est présumé y renoncer ou avouer tacitement que le droit n'existait pas à son profit. Seulement la loi distingue les servitudes continues, dont l'incommodité est permanente et de nature à être ressentie sans le fait actuel de l'homme, et les servitudes continues qui ne peuvent s'exercer que par le fait actuel de l'homme. Pour les premières, le non-usage résultera d'un acte contraire à la servitude; quant aux secondes, le non-usage sera rendu manifeste dès que le propriétaire du fonds dominant aura négligé d'user de son droit.

Mais est-il nécessaire que l'inaction du propriétaire du fonds dominant soit volontaire? N'y aurait-il pas lieu à suspension de la prescription si son inaction provenait d'une impossibilité physique d'user de la servitude par suite d'un changement survenu dans la nature des choses?

C'est une question qui partage aujourd'hui les auteurs.

Posons une espèce. Une servitude de puisage existe au profit d'un fonds; la source où le puisage a lieu vient à se tarir; le propriétaire du fonds dominant ne peut plus exercer la servitude. Le non-usage forcé, involontaire, aura-t-il pour conséquence la perte du droit de puisage pour le fonds dominant?

16. Des jurisconsultes ne voient dans le délai de trente ans de l'art. 704 qu'un délai préfixe, et non une véritable prescription; par suite il ne pourrait y avoir de suspension, et le délai écoulé, la servitude serait toujours anéantie.

Ils se fondent sur ce que, dans le projet du Code, le délai pendant lequel les servitudes devenues impraticables et par suite anéanties de droit peuvent néanmoins revivre si les choses sont rétablies dans un état tel qu'on en puisse user (704), était de dix ans, tandis que le délai pour l'extinction des servitudes par le non-usage était de trente ans. Or, disent-ils, c'est là une preuve que le législateur ne confondait point les deux cas; s'il a augmenté la durée du premier délai, il n'en a point changé la nature.

Puis l'art. 703 et l'art. 704 seraient inutiles s'ils consacraient une véritable prescription, car ils feraient double emploi avec l'art. 706 dont ils ne seraient qu'un oiseux corollaire.

N'y aurait-il pas au surplus un inconvénient majeur à perpétuer *in abstracto* une servitude qui n'a plus d'objet, de telle sorte que les fonds s'en trouveraient grevés à l'infini entre les mains des tiers acquéreurs, sans que ces tiers pussent en être avertis?

17. D'autres, au contraire, pensent que l'art. 704 reconnaît une véritable prescription.

Ils s'appuient sur ce que l'art. 704 en visant l'article 707 fait incontestablement allusion à une prescription proprement dite.

De plus, l'art. 665, qui déclare que lorsqu'on reconstruit une maison les servitudes se continuent, veut, pour qu'il en soit ainsi, que la reconstruction se fasse avant que la prescription soit acquise. C'est le mot de prescription que cet article emploie. L'art. 704 traite donc d'une véritable prescription susceptible d'être interrompue et suspendue.

Mais les partisans de ce second système se divisent en deux camps :

Les uns, se fondant sur ce que le droit romain restituait contre le non-usage qui était le résultat d'une force majeure, et s'appuyant de l'autorité de Domat, prétendent que le Code n'a pu être infidèle à ces traditions; et indépendamment des causes ordinaires de suspension, ils pensent que, dans les cas de force majeure prévus par l'art. 703, il y a lieu à l'application de la règle *contra non valentem agere non currit præscriptio*.

Les autres, dont l'opinion me semble à la fois conforme au texte et à l'esprit de la loi, admettent comme les précédents que le délai établi par l'article 704 est une véritable prescription, en tous points la même que celle qui s'accomplit par trente ans de non-usage spontané ; mais ils ne distinguent point si le non-usage a été forcé ou volontaire.

Et d'abord ils font observer que l'art. 2251 ne tolère de causes de suspension que dans quelques exceptions positivement établies par une loi ; or l'article 707 disant d'une manière générale et sans distinction que les trente ans pour la perte par le non-usage commencent à courir du jour où l'on a cessé de jouir de la servitude, il s'ensuit que cet article déroge en tous cas à la règle *contra non valentem agere ;* et si jamais chez nous l'impossibilité d'agir peut constituer un empêchement, ce n'est qu'autant que l'obstacle, d'où naît l'impossibilité, est un obstacle de droit.

Il ne faut pas tirer contre ce système argument de l'art. 704, qui fait revivre les servitudes, si elles sont rétablies de manière qu'on puisse en user avant l'échéance d'un espace de temps suffisant pour faire *présumer* l'extinction de la servitude. Le mot *présumer*, dont on voudrait se faire une arme, n'a point la valeur qu'on prétendrait lui attribuer. La prescription, en effet, repose bien en elle-même sur une présomption de libération, une présomption d'abdication de droit ; mais elle est avant tout fondée sur des considérations d'utilité publique.

On peut encore, à l'appui de cette opinion que nous adoptons, invoquer les paroles du tribun Albisson, déclarant que la liberté des héritages réclamerait contre le rétablissement des servitudes, s'il pouvait avoir lieu après une durée de temps indéfinie.

Remarquons enfin qu'il y a peu d'inconvénient à ce système, car la prescription peut être interrompue par une reconnaissance émanée du propriétaire, soit par une demande en déclaration de servitude analogue à l'action contre les tiers détenteurs en déclaration d'hypothèque; et l'interruption peut être légalement admise, puisque le Code lui-même reconnaît la suspension pour cause de minorité (art. 710).

18. La prescription qui a couru contre les grevés de substitution peut-elle être opposée aux appelés?

Les substitutions du droit français ne sont pas autre chose que des fidéicommis d'une certaine sorte du droit romain. On sait quelle faveur s'était attachée aux fidéicommis; aussi les personnes chargées par exemple de restituer en mourant les biens qui composaient l'hérédité ne pouvaient-elles les aliéner (1). La loi n'admettait même pas en ce qui concerne ces biens de *præscriptio*; lors donc que le temps était venu de restituer le fidéicommis, le fidéicommissaire aurait pu les revendiquer nonobstant toutes exceptions du défendeur. La question que nous posons fut donc négativement résolue par la jurisprudence romaine; mais dans l'ancien droit français, elle avait soulevé les plus vives controverses. Dumoulin admettait contre les appelés la prescription de trente ans dont les lois romaines n'avaient pas fait mention expresse; il n'osait étendre cette innovation à la prescription

(1) Cod. 3. Comm. de legatis.

de dix à vingt ans. La jurisprudence en général rejetait cette prescription; toutefois, Ricard, Domat, Dunod s'étaient prononcés en sa faveur, plus soucieux de la protection due aux tiers que du maintien de la propriété entre les mains de ceux au profit de qui le défunt avait prétendu en entraver la circulation.

10. Sous le Code civil, dans cette matière, il n'y a pas plus d'unanimité qu'autrefois, entre les jurisconsultes. De savants auteurs soutiennent encore aujourd'hui que la prescription, lors même qu'elle serait achevée contre le grevé majeur, ne pourrait être opposée à l'appelé et devrait recommencer à son égard. Aux termes de l'art. 2226, disent-ils, on ne peut prescrire le domaine des choses qui ne sont point dans le commerce. Les biens substitués ne sont pas dans le commerce, ils ne sont pas aliénables, donc ils ne sont pas prescriptibles.

Cependant, c'est à l'opinion contraire que je crois devoir adhérer. En effet, aucun article du Code, aucune loi spéciale ne déclare les biens substitués inaliénables, comme sont déclarés inaliénables les biens du domaine public; encore moins aucun article du Code, aucune loi spéciale les déclare-t-elle imprescriptibles. L'héritier chargé de restitution ne doit pas aliéner les biens substitués; et c'est même afin qu'il ne puisse le faire que des précautions son prises pour porter la substitution à la connaissance du public; mais les choses à restituer ne sont pas absolument sorties du commerce: c'est si vrai que certaines aliénations doivent être respectées par les appelés, lorsqu'elles ont eu lieu avec le concours de la justice et du tuteur à la substitution.

Si le grevé a aliéné indûment des biens substitués, les tiers qui, le cas de restitution échéant, auront reçu la chose *a non domino*, pourront se les voir enlever; mais rien ne s'oppose à la prescription, car, outre que la propriété du possesseur peut se justifier par une cause légitime et antérieure d'acquisition, ce qui constitue l'un des fondements de la prescription, la prohibition d'aliéner, ni même l'inaliénabilité absolue d'une chose, n'entraînent nécessairement son imprescriptibilité. Aussi les biens des mineurs et les biens dotaux ont-ils été positivement déclarés imprescriptibles; et même les biens dotaux, tout en restant inaliénables, deviennent prescriptibles après la séparation de biens.

20. Les partisans du système contraire allèguent encore, qu'aux termes de l'art. 2257, les droits conditionnels ne sont point sujets à prescription. Le droit des appelés est conditionnel; donc il n'est point prescriptible.

Il est facile de répondre à cet argument. Le droit des appelés est, il est vrai, un droit conditionnel, mais un droit conditionnel réel; or, nous verrons plus loin que l'art. 2257, résultat des inspirations d'anciennes coutumes françaises, n'a trait qu'aux droits personnels, à la prescription libératoire.

Le grevé, lui, ne pourrait invoquer la prescription à l'égard de l'appelé, car tant que le droit de celui-ci n'a pas été ouvert, il n'a pu exiger du grevé l'accomplissement de l'obligation de restituer : on ne peut lui reprocher de n'avoir point pendant trente ans poursuivi l'exécution d'une créance qui pouvait ne pas se confirmer ; mais, quant aux actes conservateurs de son droit à l'égard des tiers, quelque conditionnel, quelque éventuel que soit ce droit, il est tenu de les faire ; car ces tiers, qui ne sont liés envers lui par aucune relation personnelle, ne doivent pas, après un long temps, se voir troublés dans la possession d'une chose sur laquelle ils ont cru pouvoir compter, et à laquelle sont venus souvent se rattacher des intérêts multiples

21. Nos adversaires ajoutent : Ceux qui sont appelés à la substitution n'ont pas d'action avant qu'elle soit ouverte. Soit ; mais toujours est-il qu'ils ont un droit, et bien que ce droit soit conditionnel, les appelés ou leur tuteur, ou le tuteur à la substitution, peuvent faire les actes conservatoires autorisés par l'art. 1180 et interrompre la prescription.

Il pouvait y avoir doute autrefois : lorsqu'on admettait avec tant d'extension la règle *contra non valentem*, et qu'il n'y avait pas de tuteur à la substitution, ces appelés se trouvaient dans l'impossibilité d'exercer leurs droits ; mais, aujourd'hui, ils sont représentés par une personne qui a reçu mission spéciale à cet effet ; et, même sous l'ancienne substitution, Dunod repoussait à leur égard toute suspension de prescription.

22. On a essayé aussi de tirer des conclusions contre ce système de la transcription de la substitution ; mais cette transcription, si elle est présumée faire connaître aux tiers que les biens ne sont pas irrévocablement dans le domaine du grevé, que les substitués y ont un droit conditionnel et n'en peuvent être dépouillés par aliénation *pendente conditione*, n'empêche pas la prescription trentenaire, pour laquelle il n'est pas besoin de bonne foi.

Les substitués restent donc sous l'empire de l'art. 2251 : comme il n'y a de suspensions, en matière de prescription, que celles déclarées par la loi elle-même, la prescription aura couru contre les appelés, puisqu'ils ne figurent pas parmi les personnes spécialement protégées. Rien, en ce qui les concerne, ne motiverait, du reste, pareille faveur ; mais, s'ils sont mineurs, ils rentreront dans la règle générale, et le cas de restitution échéant, leur propriété ayant un effet rétroactif, ils pourront arguer de la suspension de la prescription pendant leur minorité.

23. — Y a-t-il suspension lorsqu'un fonds ayant été donné en antichrèse, le créancier possède ce fonds et en perçoit les fruits, qu'il impute sur les intérêts de sa créance, ou qu'il compense avec eux ?

Les principes, que nous avons posés jusqu'ici, les considérations économiques qui nous ont surtout séduit, notre propension à restreindre dans les mesures les plus étroites les causes de suspension, peuvent faire pressentir quel sera notre avis sur ce point.

La prescription, dit l'art. 2251, court contre toute personne, à moins qu'elle ne soit dans quelque exception établie par une loi. L'antichrésiste n'est sans aucun doute nullement excepté de la prescription ; donc la prescription doit courir contre lui, et il n'a d'autres ressources que de l'interrompre, s'il veut éviter la perte de sa créance.

24. Mais (et c'est ainsi que la question eût dû être posée, contrairement à ce qu'ont fait la plupart des auteurs qui ont vu là une question de suspension) la perception des fruits par l'antichrésiste qui possède équivalant à une prestation d'intérêts qu'accomplirait régulièrement le débiteur lui-même, n'équivaut-elle pas à une reconnaissance permanente du droit de l'antichrésiste, et n'interrompt-elle pas la prescription ?

D'abord, si nous assimilons la perception des fruits par l'antichrésiste à une prestation d'intérêts qu'accomplirait le débiteur lui-même, nous ne sommes pas nécessairement entraîné à admettre que dans le fait de cette prescription il y a une interruption de la prescription. En effet, même quand le débiteur acquitte annuellement les intérêts de sa dette, le créancier n'est pas abrité contre la prescription que le débiteur lui opposera. L'art. 2263, qui permet au créancier d'exiger un titre nouvel après vingt-huit ans de la date du dernier titre, prouve que ce débiteur, niant l'acquittement des intérêts de la dette, pourrait parfaitement prétendre avoir prescrit.

Sans doute, si le payement des intérêts pouvait être prouvé, il en ressortirait une reconnaissance du droit du créancier; mais c'est ce qui peut n'être pas toujours facile. Que le créancier omette d'exiger des contrequittances, et il sera sans ressources contre la mauvaise foi de son débiteur.

Dans le cas d'antichrèse, il arrivera plus fréquemment que dans le cas où la créance n'est point doublée de cette garantie, que la preuve de la perception des fruits imputés sur les intérêts ou compensés avec eux se trouvera établie; car, presque toujours il se fera annuellement un règlement de compte entre le débiteur et le créancier. Ce règlement de compte ayant eu lieu, nous n'hésiterons pas à dire que la prescription se trouve interrompue; mais ce ne sera point parce qu'il y a antichrèse, ce sera parce qu'il y aura eu reconnaissance du droit.

25. Supposons donc, pour laisser à la question toute sa difficulté, que la perception des fruits a eu lieu, mais que rien n'en établit formellement la preuve : trente ans se sont écoulés depuis que la créance existe; le débiteur pourra-t-il prétendre qu'il ne doit plus rien?

Nous n'hésitons pas, quant à nous, à nous prononcer pour l'affirmative.

La tendance de la loi française en matière de prescription trentenaire, de prescription libératoire, est de mettre un débiteur qui a payé et qui ne retrouve pas les preuves de sa libération à l'abri de la mauvaise foi de l'ancien créancier; c'est encore, et surtout, d'empêcher qu'on ne puisse faire revivre inopinément les relations de débiteur à créancier, quand au bout d'un long temps le créancier peut être présumé avoir renoncé à sa créance, ou n'a pas manifesté par des actes positifs l'intention de la conserver.

Eh bien! n'est-ce pas le cas de notre espèce? Le créancier antichrésiste, dira-t-on, a perçu régulièrement les fruits de la chose en compensation des intérêts de sa créance. Mais, qu'est-ce qui le prouve, si le débiteur le nie? Le fait que le débiteur est resté en possession de l'immeuble? Mais ne peut-il pas se faire qu'au lendemain même de la dette contractée, le débiteur soit venu acquitter son obligation sans prendre quittance, ou même qu'il ne retrouve plus la quittance après trente ans? Ne peut-il pas se faire que le possesseur ait tenu compte annuellement des fruits à son ancien débiteur? Dira-t-on que le titre primitif d'antichrésiste proteste contre les obligations du débiteur, et que ce débiteur ne peut prescrire contre le titre qu'il a lui-même souscrit? Mais si cela est vrai pour la prescription acquisitive, on ne peut nier qu'en matière de prescription libératoire on ne prescrive fort bien contre son titre : sans cela, la reconnaissance de la dette elle-même vaudrait mieux encore que le contrat d'antichrèse, qui n'est qu'un accessoire du contrat principal.

En résumé donc, comme la loi française ne voit d'autre moyen d'interrompre la prescription libératoire que dans une demande en justice, une citation en conciliation, un commandement, une saisie, une reconnaissance expresse ou tacite de la part du débiteur; comme la prestation des intérêts par le débiteur n'est point en elle-même une reconnaissance tacite du droit de créance, quand elle n'a pas été constatée; comme, ainsi que nous croyons l'avoir démontré, la perception des fruits pratiquée par le créancier antichrésiste n'est pas plus prouvée par le fait du contrat d'antichrèse, que la prestation volontaire des intérêts n'est prouvée par le fait seul du payement qu'en a opéré le débiteur, l'existence du contrat d'antichrèse n'interrompt pas la prescription de la créance; et quand au bout de trente ans la créance se trouvera prescrite, l'antichrèse disparaîtra, conformément au principe qui, chez nous, à la différence de ce qui se passait en droit romain, pour l'action hypothécaire, déclare nécessairement éteint l'accessoire avec le principal.

En vain essayerait-on de s'appuyer sur l'article 2087. On a dit, aux termes de cet article : Le créancier antichrésiste peut *toujours* contraindre le débiteur à reprendre la jouissance de son immeuble; donc, c'est que toujours, et tant que la dette n'a pas été acquittée, il reste créancier : mais cet article veut dire uniquement que le créancier n'est pas obligé de conserver une garantie qui peut lui devenir onéreuse; qu'il peut à sa volonté, sans que le plus ou moins de durée de sa jouissance lui enlève cette faculté, obliger le débiteur à reprendre l'immeuble donné en antichrèse.

Il n'est sans doute pas besoin d'observer que si le contrat d'antichrèse intervient un certain temps après l'événement juridique qui a donné naissance à la créance elle-même, la prescription, au lieu de courir du jour où la dette est née, courra du jour du contrat d'antichrèse, qui, impliquant reconnaissance du droit auquel il accède, a interrompu la prescription.

26. — La prescription est-elle suspendue au profit de l'usufruitier universel à l'égard des créances qu'il a contre la succession, tant que dure son usufruit?

Cette question a reçu dans la jurisprudence et parmi les auteurs des solutions différentes (1).

Il est généralement admis que l'usufruitier de l'universalité des biens d'une succession n'est qu'un légataire à titre particulier, et que conséquemment il n'est point personnellement tenu des dettes envers les créanciers héréditaires (art. 1010, 1024). Seulement, dans les rapports de l'usufruitier universel et des personnes tenues des obligations du défunt, soit comme ses représentants, soit comme simples successeurs aux biens, il s'établit une contribution, un règlement que l'art. 612 a de la manière la plus judicieuse déterminé en ces termes :

« L'usufruitier universel ou à titre universel « doit *contribuer avec le propriétaire* au payement « des dettes, ainsi qu'il suit.

« On estime la valeur du fonds sujet à usufruit :

(1) Aff. Pradhon. 2, n° 759. — Vazeille, 077. — Grenoble, 8 mars 1818. — Toulouse, 27 mars 1835. Nég. M. Troplong. — Cass., 17 août 1810. — Rej. 18 janv. 1843. Dev. 43. 1. 313.)

« on fixe ensuite la *contribution* aux dettes, à raison « de cette valeur.

« Si l'usufruitier veut avancer la somme pour « laquelle le fonds doit contribuer, le capital lui en « est restitué à la fin de l'usufruit, sans aucun « intérêt.

« Si l'usufruitier ne veut pas faire cette avance, « le propriétaire a le choix ou de payer cette somme, « et, dans ce cas, l'usufruitier lui tient compte des « intérêts pendant la durée de l'usufruit, ou de faire « vendre jusqu'à due concurrence une portion des « biens soumis à l'usufruit. »

Rien de plus satisfaisant que cette décision de la loi, dont les trois procédés ont finalement une même conséquence pour l'usufruitier. En effet, supposons que la personne tenue véritablement envers les créanciers du payement des dettes, *intra* ou *ultra vires*, *propter rem* ou autrement; supposons que l'héritier vende, pour l'acquit des dettes du défunt, une partie des biens de la succession, l'usufruitier aura en moins la jouissance des biens vendus, il en perdra les fruits, donc une valeur correspondante aux intérêts du prix de vente, par conséquent aux intérêts du capital des créances que ce prix a couvertes. Supposons qu'au lieu de vendre une partie des biens de la succession, l'héritier paye de ses deniers les dettes héréditaires, et maintienne ainsi dans l'hérédité, c'est-à-dire dans le fonds soumis à l'usufruit, des biens qu'il eût pu y soustraire en les faisant vendre, ainsi que nous venons de le voir, l'usufruitier percevra les fruits de ces biens, mais comme il devra, dès à présent, à l'héritier les intérêts du capital dont celui-ci s'est dessaisi, et qui n'est autre que l'intérêt des créances acquittées, il perdra toujours une somme correspondante à la somme des fruits dont il eût pu être privé.

Enfin, supposons que c'est l'usufruitier qui acquitte les dettes héréditaires (il y trouve peut-être son profit; mais, comme c'est l'héritier seul qui est tenu envers les créanciers des obligations du défunt, il a, dans tous les cas, fait l'affaire de cet héritier), par le payement qu'il a accompli il a empêché toute distraction des biens soumis à son usufruit. S'il pouvait immédiatement, et en sa qualité de *negotiorum gestor*, réclamer de l'héritier la somme dont il a fait l'avance, il bénéficierait de l'intérêt de cette somme et aurait, en outre, les fruits des biens conservés dans la masse héréditaire, ce qui ne serait pas juste; ce n'est donc qu'à la fin de l'usufruit qu'il peut réclamer de l'héritier les capitaux qu'il a payés en son acquit et dont les fruits provenus de biens maintenus dans la masse héréditaire compensent les intérêts.

Tout ce système est simple et net.

L'usufruitier universel qui a une créance contre le défunt, si la créance produit des intérêts et n'est pas exigible, n'a rien à réclamer de l'héritier : les intérêts étant une charge de la jouissance, il s'établit entre eux et les fruits perçus une sorte de compensation.

Si la créance est exigible (qu'elle produise ou non des fruits); il est bien certain que l'usufruitier a contre l'héritier une action en payement : il peut faire entrer en capital et en propriété dans ses propres biens une somme dont avant le payement il n'avait qu'une jouissance productive d'un chiffre de fruits correspondant à l'intérêt que ce capital peut produire.

Mais s'il n'a point exigé le payement de sa créance et que trente ans se soient écoulés depuis l'époque de l'exigibilité ou depuis le dernier acte interruptif de la prescription, sa créance sera-t-elle prescrite nonobstant la persistance de son usufruit ?

27. Dans l'ancien droit, la question était controversée, résolue même le plus souvent dans le sens de la négative.

Les auteurs qui adoptent encore cette doctrine disent : La prescription ne pourra pas être opposée à l'usufruitier, quelque long temps que dure son usufruit : car, en fait, il jouit de sa créance ; en droit, la prescription ne court pas contre une créance tant qu'elle produit évidemment des fruits.

En fait, il en jouit ; car il perçoit tous les fruits de l'hérédité. Il s'applique des fruits correspondants aux intérêts du capital que pourrait produire l'aliénation d'une masse de biens héréditaires pour l'acquit de cette créance. Il y a là une sorte de compensation ; ce qu'il pourrait recevoir à titre de créancier, il le gagne comme usufruitier ; aussi ses héritiers, en réclamant le capital de la créance, ne pourraient-ils assurément en exiger les intérêts dont il s'est trouvé désintéressé par le fait de sa jouissance.

En droit, la prescription ne court pas contre un créancier qui a joui de son titre; il y a là alors une cause de suspension qu'on ne peut méconnaître et qui n'avait pas besoin d'être formulée.

L'art. 2258 déclare formellement, à l'égard de l'héritier bénéficiaire, que la prescription ne court pas contre lui, relativement aux créances qu'il peut avoir contre la succession. Pas plus qu'à l'usufruitier, ce ne sont les moyens de poursuite qui lui manquent, mais il se paye à lui-même des intérêts et conserve sa créance par la jouissance.

Enfin, on argumente de l'art. 612, d'après lequel l'usufruitier qui avance en l'acquit de l'héritier des sommes dues par le défunt obtient la restitution de son capital sans aucun intérêt à la fin de l'usufruit ; or l'usufruit peut avoir duré plus de trente ans; si donc il recouvre quand même le capital avancé depuis plus de trente ans, c'est que la prescription n'a pas couru contre lui. Le payement qu'il peut être toujours considéré comme s'étant fait à lui-même ne doit pas lui être plus fatal que celui qu'il aurait fait à un autre.

28. Pour l'opinion inverse, on dit, et avec raison, ce me semble : Aux termes de l'art. 2251, la prescription court contre toute personne, à moins d'exception spéciale; il n'y a point de texte en faveur de l'usufruitier; donc la prescription n'est point suspendue à son égard.

Sa position ne mérite point de faveur particulière; car il n'est pas dans l'impossibilité d'agir; et, se trouvât-il dans cette impossibilité, il paraît démontré que le Code civil a rejeté la règle *contra non valentem agere non currit præscriptio.*

Quant à cette circonstance qu'en fait il a l'équivalent des intérêts de sa créance, cela servirait tout au plus à établir que matériellement il n'éprouve point les inconvénients actuels de son inaction ; et d'abord, cela le rendrait d'autant plus inexcusable de n'avoir point agi, puisqu'il aurait reçu en intérêts de son capital ce qu'il eût perdu en revenus, comme usufruitier ; puis la loi, en admettant la prescription trentenaire, a voulu que le créancier ne laissât pas le débiteur dans une fausse sécurité, et fît valoir ses droits à une époque où il serait facile encore d'en prouver l'extinction, si l'extinction avait eu lieu. La prescription est dans l'intérêt du débiteur ; il n'y a pas à l'interpréter selon les convenances du créancier.

Cette autre allégation, que la prescription ne court pas contre un créancier qui jouit de son titre, ne nous touche pas beaucoup : nous avons, dans la question précédente sur l'antichrésiste, établi que les prestations d'intérêt constatées équivalaient bien à une reconnaissance de la dette et la perpétuaient ; mais encore faut-il que cette reconnaissance indirecte du droit du créancier émane formellement ou implicitement du débiteur ; et ici elle émanerait du créancier. (Observons que la question de suspension se convertirait par cet argument en une question d'interruption.)

D'ailleurs, si l'usufruitier a perçu tous les fruits des fonds héréditaires en sa qualité d'usufruitier, il ne les a pas perçus comme créancier ; peu importe qu'il se soit trouvé dans une position équivalente ; s'il n'a pas perçu ces fruits comme créancier, il n'a pu, par leur perception, reconnaître aucune créance. Enfin il faut observer que la raison tirée de la perception d'un équivalent d'intérêts par l'usufruitier ne pourrait s'appliquer que si l'usufruitier avait eu une créance productive d'intérêts.

L'assimilation de l'usufruitier universel à l'héritier bénéficiaire n'est pas plus concluante ; car, supposé que l'art. 996 du Code de procédure n'ait pas abrogé l'art. 2258 du Code civil, on s'explique fort bien que l'héritier bénéficiaire (dans le cas du moins où il se trouve seul héritier), pouvant, comme administrateur des biens de la succession, reconnaître les créances des créanciers héréditaires, soit censé avoir reconnu la sienne ; tandis qu'on ne verrait pas pourquoi l'usufruitier universel, qui certainement ne pourrait pas reconnaître les créances des autres créanciers de la succession, pourrait être censé avoir reconnu sa propre créance.

Enfin, l'argument tiré de l'art. 612 nous semble présenter une confusion. Sans doute, si l'usufruitier paye une dette existante que le créancier a le droit de réclamer, il a acquis, par ce fait, contre l'héritier une sorte de créance de gestion d'affaires, dont le législateur détermine lui-même l'échéance à la cessation de l'usufruit, et qui, conformément à l'art. 2257, ne se prescrira pas tant que l'usufruit n'aura point cessé; mais si l'usufruitier payait à une époque quelconque une dette contre laquelle l'héritier poursuivi pouvait opposer la prescription, l'usufruitier n'aurait point perpétué la créance ancienne par une renonciation à la prescription qu'il ne lui appartenait pas de faire, et il n'aurait pas contre l'héritier, qu'il serait loin d'avoir servi, cette sorte de créance pour gestion d'affaires, imprescriptible d'après l'art. 612 tant que dure l'usufruit.

N'aperçoit-on pas maintenant que l'usufruitier ne peut pas plus quand il ne fait aucun de ces actes positifs que la loi exige du créancier, perpétuer, dans son propre intérêt, la position de l'héritier en tant que débiteur, qu'il ne peut la perpétuer au profit des tiers.

29. Nous avons parcouru les principales hypothèses où l'on pouvait douter que la règle *contra non valentem* ne dût pas encore recevoir quelque application. De l'ancien droit, où elle avait donné naissance à de nombreux abus, nous avons passé au Code, qui, lui, nous a paru avoir été particulièrement jaloux de l'intérêt public. Cette règle reste toujours la base de la suspension de la prescription; mais c'est à la loi de déclarer en quelles circonstances elle doit être prise en considération. Ce brocard n'a plus de force comme principe doctrinal, il n'est plus que l'explication des exceptions consacrées par la loi.

30. — Nous avons déjà vu quelques lois spéciales qui avaient introduit des causes de suspension tran-

sitoires. Avant d'aborder les exceptions établies d'une manière permanente par le Code, nous devons dire un mot de deux autres lois également transitoires, en date du 1er juillet 1791 et du 20 août 1792.

L'État venait de confisquer des biens nombreux. Il avait besoin de temps pour prendre ses renseignements, veiller aux mesures conservatoires ; aussi la première Assemblée nationale décréta-t-elle que, du 1er novembre 1789 au 2 novembre 1794, la prescription contre la nation, pour raison de droits corporels ou incorporels (sic), resterait suspendue sans qu'elle pût être alléguée pour aucune partie du temps qui se serait écoulé pendant lesdites cinq années.

La seconde loi, dans le but de hâter l'affranchissement de la propriété en facilitant le rachat des droits féodaux, ayant déclaré désormais prescriptibles par cinq ans les arrérages, cens, redevances, etc., crut devoir établir une suspension analogue au profit des particuliers pour ne pas jeter dans la fortune de ceux-ci une perturbation trop soudaine.

Il est inutile d'entrer dans l'explication des difficultés que soulevèrent ces lois qui ne peuvent plus recevoir aujourd'hui aucune application.

31. — L'émigration peut-elle être considérée comme une cause de suspension?

L'émigration était un délit : elle ne pouvait, pour ceux qui aux yeux de la loi s'en étaient rendus coupables, être la source d'aucun droit. La prescription continua donc de courir contre les émigrés ; mais leurs biens ayant été dévolus par confiscation à l'État, ce fut l'État qui les représenta et qui poursuivit leurs droits (loi du 25 juillet 1793). Les débiteurs pouvaient opposer à l'État les moyens de défense qu'ils eussent opposés à leur créancier, s'il n'eût pas émigré.

De même les dettes des émigrés subsistaient contre eux, si l'État ne les avait point acquittées, ou si la prescription n'en avait pas été acquise. La loi du 25 avril 1825 ne les relève pas de ces déchéances. Les créanciers de l'émigrant purent agir sur l'indemnité et sur sa fortune nouvelle ; mais il ne fallait pas que leur dette fût prescrite, et ils ne pouvaient justifier leur inaction par la pauvreté de leur débiteur, puisque l'État avait succédé à ses obligations. Ils ne pouvaient alléguer qu'à cette époque l'insolvabilité de leur débiteur rendait tout recours illusoire, car la suspension ne peut découler que d'un obstacle de droit, et rien ne s'opposait à des mesures conservatoires.

32. Il est deux hypothèses dans lesquelles on peut se demander s'il n'y a pas motif à exception.

La première de ces hypothèses est celle où le créancier et le débiteur avaient émigré. L'État était devenu successeur de l'un et de l'autre; il s'était opéré une confusion entre la créance et la dette ; le temps pendant lequel cette situation avait persisté pouvait-il servir à la prescription ?

Nous le croyons; en effet, par la loi du 25 avril 1825, on ne restitua pas les émigrés *in integrum*. On leur rendit ceux de leurs biens dont la nation n'avait pas disposé; et, de plus, on leur attribua un milliard pour les indemniser des pertes qu'ils avaient encourues en émigrant. La part de chaque émigré fut calculée d'après la somme des valeurs que l'État lui avait enlevées : l'émigré qui avait autrefois une créance contre l'autre en reçut la représentation, comme il reçut la représentation des immeubles dont l'État avait disposé; quant à l'émigré débiteur, il reçut en moins l'équivalent de la dette qui diminuait son patrimoine. Il n'y a donc aucune raison d'admettre la suspension, ni même de se prononcer contre l'extinction de la dette, laquelle extinction n'a pas cessé *ex antiqua causa* (1).

33. La seconde hypothèse est relative à celles des dettes des émigrés que la loi du 25 juillet 1793 ne reconnaissait pas, parce qu'elles n'étaient point constatées dans des actes authentiques.

Cette question est fort délicate; mais il me semble que dans ce cas la prescription n'est pas davantage suspendue.

A la vérité, le créancier n'a pu agir contre l'État qui, pour les dettes non constatées authentiquement, refusait la succession de l'émigré; mais il a pu faire des actes d'interruption contre l'émigré lui-même, pratiquer des mesures conservatoires; sinon il ne pourra agir contre l'émigré revenu, il aura perdu tout droit.

Cela est tout à la fois dans l'esprit des lois de

(1) Contra, Troplong, 700. — Vazeille, 314. — Cass., 21 juillet 1829.

1793 et de 1825. En effet, la première de ces lois, en ne reconnaissant pas certaines dettes de l'émigré, parce qu'elles lui paraissaient suspectes, ne voulait pas le soustraire aux poursuites des débiteurs, et l'on ne peut supposer qu'elle prévît un état de choses qui vînt donner lieu à la question de suspension. Quant à la loi de 1825, favorable aux émigrés, elle ne peut pas avoir en vue de créer contre eux une suspension qui les placerait dans une position moins favorable que tout autre débiteur.

Nous arrivons aux exceptions que le Code a formellement prévues.

CHAPITRE Ier.

SUSPENSION RÉSULTANT DE LA QUALITÉ DE LA PERSONNE.

Section 1re. — *De la suspension pour cause de minorité.*

34. La prescription est suspendue en faveur des mineurs, bien que ceux-ci aient dans leur tuteur un représentant chargé de défendre leurs intérêts. Les mineurs échappent ainsi aux dangers de l'insolvabilité de leur tuteur négligent.

Si les actes faits par le tuteur sont valables à l'égal de ceux des majeurs, c'est lorsque les tuteurs se sont conformés à la loi ; mais pourrait-on raisonner de même lorsqu'ils ont failli à leur mandat? Pour éviter une restitution souvent tardive, souvent inutile par suite de l'insolvabilité du tuteur, dangereuse, parce qu'elle est la source de contestations, convaincu qu'il vaut mieux encore prévoir le mal qu'en atténuer les effets, le législateur a adopté la suspension de la prescription à l'égard des mineurs.

35. Le droit romain nous offre en matière de protection due aux mineurs des précédents qu'il est bon de consulter, bien qu'ils soient un peu confus.

On pourrait induire de la loi 48 *De adq. r. dom.*, que l'usucapion ne courait point contre les pupilles; mais, nous l'avons vu au titre *De usurpationibus*, cette loi a peu d'apparence d'authenticité; elle est en opposition avec un certain nombre d'autres lois formelles.

Cujas a cherché à concilier entre eux les textes divergents, et, observant que partout où l'usucapion n'est point empêchée, il n'est question que de meubles, d'objets mobiliers, tandis que dans la loi 48 il est question d'immeubles, il en a conclu que l'usucapion courait contre les pupilles à l'égard des meubles, mais non à l'égard des immeubles. C'est aussi la doctrine que nous avons adoptée, du moins depuis Septime Sévère, alors que les immeubles ruraux ou suburbains ne peuvent être aliénés sans de certaines formalités.

36. La prescription de dix, vingt ou trente ans était suspendue à l'égard du pupille, bien qu'il fût protégé par son tuteur. La Const. 3 au Code *De Præscriptione 30 vel 40 annorum*, ne laisse aucun doute à cet égard : *Non sexus fragilitate, non ab-*

sentia, non militia contra hanc legem defendenda, sed pupillari ætate duntaxat quamvis sub tutoris defensione constet.

37. La prescription judiciaire, c'est-à-dire la péremption des délais de procédure pouvait atteindre le pupille, sauf son recours contre le tuteur, et subsidiairement restitution, quand ce recours était inefficace.

38. Enfin, dans la prescription que Merlin appelait conventionnelle, il n'y avait point de différence entre le majeur et le pupille : la prescription courait contre le pupille sans aucune restitution.

La prescription conventionnelle est celle qui consiste dans l'écoulement du temps déterminé par une convention. Je vous ai vendu une chose, à la condition que j'aurai le droit de la reprendre en vous en remboursant le prix pendant tel temps entre nous déterminé. Je meurs dans le délai; mon héritier mineur n'aura que le bénéfice du temps qui reste à courir, la prescription ne sera pas suspendue à son égard.

Les partisans de l'opinion contraire se sont autorisés, pour rejeter la prescription, de la faveur généralement accordée au mineur, faveur si grande qu'elle le fait restituer contre ce qu'il a perdu par une simple omission. Ils citent encore le fragm. 38, *De minoribus* au Digeste; mais la décision de l'empereur rapportée dans cette loi est spéciale à un cas qui paraissait digne d'intérêt. D'ailleurs, Paul qui la discute ne l'admet point, et c'est à l'opinion de Paul que s'est rangé Justinien. Le privilége de la minorité ne peut s'étendre aux actes faits entre majeurs; l'âge ne peut rien changer aux conditions d'un contrat arrêté et débattu avec l'auteur du pupille? Il serait étrange que les tiers qui ont stipulé un temps fixe, fussent exposés contre leur volonté, contre l'intention déterminante du contrat à voir ce temps fixe devenir indéterminé par des pupillarités successives en dehors de toutes prévisions?

Le privilége du successeur, dit Dunod, ne peut altérer les pactes du contrat, qui en font partie, et qui en sont l'accessoire.

39. L'usucapion avait lieu contre les mineurs sans aucun empêchement. Pothier résiste à cette décision; mais Justinien, en accordant la restitution au mineur dont les biens ont été usucapés, indique implicitement que l'usucapion courait à leur égard.

40. Tout ce que nous avons dit du pupille pour la prescription judiciaire et la prescription conventionnelle s'applique au mineur. Les raisons de décider étaient les mêmes; il n'y avait lieu à restitution au profit de ce mineur que pour les causes qui auraient pu faire restituer un majeur.

41. Quant aux prescriptions légales, soit perpétuelles, c'est-à-dire de trente ans et au-dessus, soit temporaires, c'est-à-dire au-dessous de trente ans, l'analyse en est pleine d'incertitude.

Dioclétien et Maximien avaient déclaré dans la constitution 3, *Quibus non objicitur præscriptio*, que la prescription de dix à vingt ans était suspendue pendant la minorité. Justinien, dans la loi dernière au Code *In quibus causis*, proclame le même principe, comme s'il n'eût pas été déjà en vigueur : *Melius est eorum jura intacta servare, quam post vulneratam causam remedium quærere.* La prescription, dit-il, ne court plus contre les mineurs dans tous les cas où ils pouvaient être restitués ; ils n'ont plus besoin de recourir au préteur, puisqu'ils ont de plein droit les mêmes avantages. Cette constitution ne porte point préjudice aux bénéfices qui leur avaient été déjà assurés, et les mineurs sont à couvert aussi bien dans les cas où il y avait lieu autrefois à restitution, que dans ceux où la prescription était suspendue avant Justinien.

Il serait difficile de déterminer ces cas, dit Dunod ; ils sont en trop grand nombre. L'on peut seulement dire en général que ce sont ceux dans lesquels la prescription aurait inféré quelque peine au mineur, ou blessé son honneur : *Cum ex præscriptione inducitur pœna aut infamia contra minorem.*

D'un autre côté, la Constitution de Justinien ne vient point en aide à ceux qui n'avaient pas déjà le secours de la restitution ; à leur égard, l'ancien droit subsiste toujours et la prescription continue de courir comme s'ils étaient majeurs. C'est ce qui avait lieu lorsque le mineur exerçait une action odieuse, qui tendait moins à son avantage qu'au détriment d'autrui : *Dum persequitur injuriam, pœnam aut quippiam simile odiosum.* Ainsi le jugèrent, dans notre ancienne jurisprudence, les parlements de Paris, de Toulouse, de Grenoble et de Dijon.

42. On aurait cru que la prescription de trente ans, organisée dans un but d'équité, aurait été suspendue à l'égard des mineurs de vingt-cinq ans, et cela avec d'autant plus de raison qu'elle l'était à l'égard des pupilles; mais la Constitution dernière au Code *In quibus causis*, et la loi 3 au Code *De præscriptione 30 vel 40 annorum*, décident expressément que cette prescription courait contre les mineurs.

43. Pouvaient-ils s'en faire relever?

Les uns disaient qu'il y avait lieu à restitution, lorsque la prescription avait commencé contre le mineur; ceux-là s'attachaient au commencement de la prescription.

D'autres voulaient que la restitution ne fût permise que si la prescription s'était accomplie du vivant du mineur : ce serait le terme de la prescription qui constituerait la lésion.

D'autres encore soutenaient qu'il n'y avait lieu, en aucun cas, à restitution.

Duperrier, tentant une conciliation, ne voulait de restitution que si le mineur n'avait pas été pourvu d'un curateur, mais adoptait en principe la non restitution.

En effet, si l'on étudie la loi 3, *de Præscriptione*, on reste convaincu que le pupille seul était soustrait aux conséquences de la prescription, et à raison de sa pupillarité; et qu'après sa puberté, la prescription courait contre lui comme elle aurait couru contre un majeur non privilégié : *Nam cum ad eos annos pervenerit, qui ad sollicitudinem pertinent curatoris, necessario eis similiter ut aliis annorum triginta intervalla servanda sunt.*

De la loi dernière au Code *In quibus causis*, on peut conclure encore que a minorité de vingt-cinq ans n'avait pas paru à elle seule motiver une suspension de prescription, et même une restitution, puisque Justinien laissait subsister les cas où la restitution n'était point accordée dans l'ancien droit, et se contentait, par abréviation de procédure, de créer une suspension là où des causes exceptionnelles, jointes à l'état favorable de minorité, avaient déjà mérité restitution.

Dans notre ancien droit, cette question n'avait pas soulevé de moindres controverses.

D'Argentré, avec cette force et ce bon sens qui lui sont naturels, dit Dunod, se rangeait à l'opinion de la non restitution, désirant veiller plutôt à la sécurité des tiers que semer la propriété de piéges en protégeant la minorité.

Quant à la jurisprudence, il nous faut distinguer entre les pays de droit écrit et les pays de coutumes.

Les parlements de Toulouse, de Grenoble admettaient que la prescription de trente ans courait contre le mineur, mais aussi qu'il pouvait s'en faire relever.

Le parlement de Besançon, d'abord contraire à cette doctrine, s'y était rangé insensiblement, à ce que nous apprend Dunod.

Le parlement de Bordeaux voulait que la prescription dormît en minorité, bien qu'elle eût commencé sur la tête d'un majeur, avec cette circonstance néanmoins qu'après que le mineur avait atteint sa majorité, on déduisait des trente ans qui lui étaient accordés le temps qui avait couru sur la tête du majeur.

C'était la jurisprudence du parlement de Paris.

Ceux de Dijon et d'Aix avaient souvent varié, mais ils paraissaient s'être enfin fixés à la prescription sans restitution. Le parlement d'Aix avait même formellement déclaré que la restitution n'aurait pas lieu, lors même que le mineur de vingt-cinq ans n'eût pas eu de curateur.

Les pays coutumiers ne présentaient pas plus d'accord.

La coutume du Berry, adoptant la jurisprudence du parlement de Toulouse, déclarait que la prescription courait contre le mineur, mais avec bénéfice de restitution en entier. Ce bénéfice était restreint à un an et un jour, selon la coutume de Cassel; étendu à dix ans et un jour, selon celle de Gorze.

La coutume de Lorraine, plus rigoureuse, adoptait les errements du parlement d'Aix : elle n'admettait ni suspension ni restitution.

La coutume de Bretagne tenta d'introduire une distinction entre le mineur pourvu ou non pourvu d'un tuteur, et, dans ce dernier cas, se prononçait alors pour la restitution : c'est une imitation de la doctrine de Duperrier repoussée par le parlement d'Aix.

La coutume du Lodunois portait que la prescription de trente ans ne courait pas contre les mineurs, lorsqu'elle avait commencé avec la minorité ; mais elle ajoutait que si la prescription avait commencé contre un majeur, elle se continuerait efficacement contre son héritier mineur. (Disposition extraordinaire, dit Cottereau, qu'il faut restreindre au cas où les mineurs sont pourvus de tuteur. Sentiment de Pothier confirmé par un arrêt du 1er septembre 1760.)

La coutume de Hainaut, de toutes la plus singulière, permettait de prescrire contre les mineurs à la condition que les six premières années auraient couru contre une personne capable d'aliéner : ce qui interdisait tout commencement de prescription contre un mineur.

La plupart des autres coutumes, celles de Bourbonnais, de Paris, d'Amiens, de Boulonnais, de la Marche décidaient que nulle possession ne pouvait être utile contre le mineur.

Il devait en être ainsi à l'égard de celles qui étaient muettes, car dans le droit romain on distinguait la pupillarité et la minorité. La prescription de trente ans ne courait point contre le pupille, et si le mineur n'était point aussi fortement protégé, c'est qu'il avait la libre administration de ses biens, qu'il avait à peine besoin des lumières d'un curateur, dont il ne requérait assistance qu'à son choix. Chez nous, ces deux phases d'incapacité avaient fait place à un même état de protection, qui se prolongeait avec les mêmes garanties jusqu'à la majorité complète; n'était-il pas naturel, si les règles de notre minorité étaient les mêmes que celles de la pupillarité romaine, qu'on lui appliquât par analogie ce que les lois romaines décidaient pour la prescription pendant la pupillarité? Voët, Grotius, Raviot, cités par Merlin, prêtaient à cette doctrine l'appui de leur science et de leur autorité.

Le Code civil a mis fin à ces controverses.

L'art. 2252 dit expressément que la prescription ne court point contre les mineurs; il ne fait aucune distinction, et nous devons assimiler entre eux :

1° Le mineur en tutelle et le mineur émancipé :

Le mineur émancipé ne peut aliéner ses immeubles, donner décharge d'un capital mobilier sans une autorisation du conseil de famille homologuée par le tribunal, ou l'assistance de son curateur. Pourrait-il faire indirectement ce qu'il ne peut faire directement? Les tiers pourraient-ils s'emparer de ses immeubles, acquérir la libération de leurs créances? Le mineur n'a que l'administration de ses biens, et la prescription équivaut à un acte de disposition du moins tacite.

2° Le mineur marié ou non marié ;

3° Le mineur dont les biens sont soumis à l'administration légale de son père, et celui qui est pourvu d'un tuteur.

Les Romains, quant aux biens du fils de famille, faisaient distinction entre les biens du pécule castrans ou ceux du pécule adventice. A l'égard des premiers, sous le bénéfice toutefois des observations déjà présentées, la prescription courait contre le fils de famille majeur de vingt-cinq ans, car il était, quant à ce pécule, libre et indépendant de son père.

Quant aux seconds, l'on distinguait si le père avait l'usufruit et la pleine administration, ou n'en avait ni l'un ni l'autre. Dans la première hypothèse, *dormit præscriptio*, le fils dont la volonté a pu être paralysée, qui le plus souvent aura ignoré ses droits, que d'ailleurs la crainte révérentielle aurait pu retenir, ne doit pas être victime de la négligence du père entre les mains duquel la loi a remis toutes les actions.

Dans la seconde, le fils est libre, il peut agir, il a en mains ses affaires et ses titres. Toutefois la prescription ne devait courir qu'autant que l'action eût dû être dirigée non contre le père, mais contre des tiers.

Il n'y a plus à faire de distinction aujourd'hui que la puissance paternelle cesse avec la minorité, et la prescription n'est suspendue qu'à l'égard du mineur.

44. — La prescription est suspendue contre les interdits, comme elle l'est contre les mineurs.

Dans le droit romain, aucune loi ne les exemptait de l'usucapion ou de la prescription. Julien décidait (L. 7, § 3, *de Curatore furiosi*) que l'héritage reçu du curateur d'un *furiosus* pouvait être usucapé.

Mais l'ancien droit français fut loin d'adopter cette jurisprudence. Plusieurs arrêts, notamment des parlements de Toulouse et de Paris, décidaient que la prescription sommeillait pendant l'interdiction. La durée de l'état d'interdiction étant illimitée, la suspension est de nature à causer quelque dommage aux intérêts publics; mais on trouvait les interdits dignes des mêmes priviléges que les mineurs.

Ces considérations touchèrent sans doute les rédacteurs du Code, malgré l'état fâcheux que devait entraîner l'incertitude indéfinie de la propriété. L'art. 2252 voulut que la prescription ne courût pas contre les interdits.

Seulement il faut restreindre cette suspension aux termes de la loi; ainsi il ne suffirait pas que la personne fût pourvue d'un conseil judiciaire, il faut que l'interdiction ait été prononcée, ou du moins que des poursuites aient été commencées avant la mort de l'insensé; il ne suffirait pas que la personne fût susceptible d'être interdite.

45. Lorsque l'état de démence a été vérifié et constaté par un jugement, pourrait-on, en vertu de l'art. 503, annuler la prescription qui a couru contre celui dont la cause de l'interdiction existait notoirement à l'époque où elle a été accomplie, et dont la démence aujourd'hui constatée expliquerait l'inaction?

Dans l'ancien droit, qui n'était pas favorable à la suspension de la prescription, Pothier admettait que la prescription fût empêchée contre l'insensé qui n'avait point de curateur. Si notre Code suspend la prescription à l'égard de celui qui est représenté par un tuteur, ne doit-on pas dire qu'il en sera de même *a fortiori* à l'égard de celui que la démence empêche d'agir? N'est-ce pas le cas de tenir compte à la personne aujourd'hui interdite de sa malheureuse position? La démence ayant été notoire pour tous, n'y a-t-il pas lieu de le protéger contre des tiers qui n'ont pas été peut-être sans profiter de sa faiblesse? L'art. 503 ne se prête-t-il pas d'ailleurs à cette interprétation, puisque le mot *acte* a une généralité qui permet de l'appliquer à une prescription, comme à un contrat, par exemple (1)?

Ces arguments ne me séduisent guère; d'abord, l'art. 503 semble avoir pour but unique d'atteindre dans leurs spéculations déloyales les personnes qui auraient abusé de l'imbécillité d'un individu pour l'entraîner à des engagements onéreux; mais il ne peut concerner les prescriptions qui s'accomplissent en dehors de toute intervention de la part du propriétaire ou du créancier. Les raisonnements que l'on fait dans l'opinion contraire semblent toujours supposer que la prescription vient en aide à la fraude; mais tel n'est pas assurément le point de vue du législateur, même pour la prescription trentenaire. D'ailleurs, il importe de ne pas prolonger indéfiniment l'incertitude de la propriété, de ne pas maintenir indéfiniment une personne dans la position subordonnée de débitrice; et, en l'absence d'un texte positif, les termes de l'art. 503 se prêtent si peu à l'argument que l'on essaye d'en tirer, qu'il semble difficile d'a-

(1) Aix, 17 fév. 1832. Dev. 32. 2. 266. Contrà-Douai, 17 janv. 1845. 6 fév. 1847.

bandonner les hautes considérations d'intérêt public qui militent pour la prescription.

46. — La prescription de l'action en restitution des biens de l'absent est-elle suspendue par la minorité pendant le délai de trente ans qui court pour les ascendants et collatéraux depuis le jour de l'envoi en possession provisoire, et pour les descendants du jour de l'envoi en possession définitive?

Quelques auteurs soutiennent la négative. Ils ne voient dans l'art. 133 qu'un délai préfixe, et veulent que l'on s'en tienne à cet article, qu'on l'explique par lui-même, indépendamment des règles générales du titre de la prescription, et ce en vertu de l'article 2264. L'incertitude qui résulterait pour la propriété du système contraire leur semble un motif péremptoire.

Mais nous pensons que l'art. 2264 n'a pas le sens qu'on lui prête, et qu'en principe il ne faut pas isoler les règles générales de la prescription. Que des articles spéciaux y apportent des dérogations, c'est ce que nous voyons par l'art. 133 lui-même, d'après lequel la prescription, au lieu de courir du moment où les biens ont été possédés par les envoyés en possession provisoire, ne part que de l'envoi en possession définitive. Dire qu'une action n'est plus recevable après trente ans, est-ce faire autre chose que d'organiser une véritable prescription par une sorte de relation à l'art. 2262, qui déclare que toutes actions sont prescriptibles au bout de trente ans? L'incertitude prolongée de la propriété pour les envoyés en possession est une conséquence de l'art. 2252, et elle n'est pas plus funeste dans l'art. 133 que partout ailleurs. Il serait singulier que cet art. 133, conçu dans l'intérêt manifeste des descendants de l'absent, ne leur accordât pas la protection générale que la loi accorde à la minorité.

Une fois admis que l'art. 133 établit une prescription, il est certain que les minorités survenues parmi les ascendants et les collatéraux seront des causes de suspension, comme elles en seraient parmi les descendants de l'absent (1).

Au surplus, les envoyés en possession seront bien peu lésés, car, en vertu des art. 127 et 132, ils garderont tout ou partie des fruits et verront respecter les aliénations qu'ils auraient consenties après l'envoi en possession définitif.

47. — Nous venons de voir quelles sont les personnes au profit desquelles la prescription est suspendue; mais la suspension ne s'étend pas à toutes les prescriptions.

La minorité ou l'interdiction ne suspend point le cours des délais conventionnels. En cela, nous suivons les lois romaines, et les raisons que nous avons données militent encore dans notre droit en faveur de cette décision. Le délai alors est préfixe, ce n'est point une véritable prescription; or la prescription seule est susceptible de suspension. Quant à une *restitutio*, elle serait impossible en présence des termes limitatifs de l'art. 1313. Le délai conventionnel est une

(1) Demol. n. 184. Valette sur Proudhon, 1, p. 335.

condition du contrat, et le mineur héritier succède aux obligations du défunt. Il serait injuste que le tiers vît modifier une clause qui l'avait peut-être déterminé à traiter.

48. La suspension n'a lieu que pour les grandes prescriptions : celles de dix ans et au-dessus. Quant aux petites prescriptions, aux prescriptions abrégées dont il est question de 2271 à 2288, elles courent contre les mineurs et les interdits, sauf leur recours contre leurs tuteurs (art. 2278).

C'est l'opinion de Pothier adoptée par le Code.

Le peu d'importance de la plupart des créances atteintes par les petites prescriptions, leur multiplicité, l'usage où l'on est d'en poursuivre le recouvrement dans des délais fort courts, l'avantage même qu'il y a pour le créancier à être considéré comme absolument habile aux obligations qui découlent du métier ou de la profession qu'il exerce, l'intérêt public enfin éminemment engagé à mettre un terme à des contestations qui ne seraient que trop répétées, justifient la décision du Code.

49. La suspension étant, du reste, la règle générale pour les mineurs et les interdits, il faut que le législateur s'en soit formellement expliqué pour qu'on ne déclare pas suspendues à leur profit même les prescriptions abrégées.

C'est ainsi que nous voyons, dans l'art. 1663, la mention formelle que le délai de réméré court contre toutes personnes, même contre le mineur, sauf, s'il y a lieu, le recours contre qui de droit.

Aux termes de l'art. 1676, les deux ans fixés pour l'action en rescision de la vente à raison d'une lésion de plus de sept douzièmes, courent contre les mineurs et les interdits.

Aux termes de l'art. 2195, si, dans les deux mois qui suivent l'exposition du contrat, il n'a pas été fait d'inscription du chef des mineurs et interdits sur les immeubles vendus, ils passent à l'acquéreur sans aucune charge, à raison de la gestion du tuteur, sauf recours, s'il y a lieu.

50. La prescription est suspendue en faveur des interdits et des mineurs, non-seulement à l'égard des biens qui étaient leur propriété dès l'origine de la possession des tiers, mais encore des biens qui ne leur sont échus qu'après avoir appartenu à un majeur capable, contre lequel la prescription avait commencé de courir. La loi ne fait pas à cet égard la même distinction que pour les immeubles dotaux.

51. — La péremption court contre toutes personnes : contre l'État, il n'en était pas ainsi, avant que les biens de l'État fussent déclarés aliénables ; contre les militaires en activité de service ; contre les établissements publics et contre les communes ; contre les femmes mariées ; contre les mineurs, sauf recours contre les administrateurs ou tuteurs (C. pr., art. 398).

En ce qui touche l'État, les établissements publics, l'art. 398 applique à la prescription de l'instance les principes qui régissent la prescription de l'action elle-même ; quant aux mineurs et interdits, quoique protégés contre la prescription, ils sont atteints par la péremption ; mais, à leur égard, du moins relativement aux grandes prescriptions, la péremption ne produira jamais l'effet d'éteindre l'action.

52. La péremption devrait-elle courir contre un mineur non pourvu d'un tuteur, soit que le tuteur fût décédé ou n'eût pas encore été nommé? Dans l'ancien droit, la péremption était en ce cas suspendue, et cette faveur avait même été étendue au cas où le tuteur était insolvable. Aujourd'hui l'insolvabilité du tuteur ne peut être prise en considération, car le Code ne distingue pas ; mais peut-être pourrait-on dire qu'il fait du moins dépendre la péremption de l'existence d'un tuteur, puisqu'il ne la fait courir que sous la condition d'un recours contre le tuteur. Au surplus cette question n'a d'intérêt que pour les petites prescriptions de l'art. 2278; car pour les autres droits ils restent, malgré la péremption, imprescriptibles pendant la minorité.

53. La péremption de l'instance est suspendue, lorsqu'il y a des incidents qui doivent être jugés au fond avant que la cause continue, par exemple lorsqu'une action en restitution est déclarée subordonnée à la production dans un certain délai des pièces ou actes de partage : mais il faut que ces incidents suspendent nécessairement la poursuite principale; car, dans le cas inverse, ils ne seraient qu'un accessoire de la cause, ne constitueraient point des instances spéciales, et loin que la péremption de la première instance fût suspendue jusqu'à la pé-

rémption de l'instance de l'incident, ils seraient périmés avec elle.

54. — Les délais d'appel, dit l'art. 444 du Code de procédure, emportent déchéance; ils courent contre toutes personnes, sauf le recours contre qui de droit. Autrefois ils ne couraient contre le mineur que du jour de la majorité; ils courent aujourd'hui contre le mineur non émancipé du jour où le jugement a été signifié, tant au tuteur qu'au subrogé tuteur, encore que ce dernier n'ait pas été en cause.

Cette nécessité de signifier le jugement au subrogé tuteur du mineur place cet incapable en dehors du droit commun; en effet, si le tuteur eût réellement représenté le mineur, la signification faite au tuteur aurait été réputée faite au mineur lui-même, tandis qu'il peut y avoir une véritable suspension contraire au droit commun dans l'intervalle possible des deux significations.

L'art. 509 assimilant le mineur et l'interdit, il en faut conclure que le délai d'appel ne court également contre celui-ci que si le jugement a été signifié au tuteur et au subrogé tuteur; cette nécessité d'une notification au tuteur indique suffisamment que s'il n'y avait point de tuteur le délai ne pourrait courir, et que ce serait aux intéressés à pourvoir à sa nomination.

55. Le délai d'appel (1) ne peut être prorogé, bien qu'il y ait eu empêchement de force majeure qui mît obstacle à la notification. Nous ne pouvons

(1) Il était de trente ans pour les corporations et personnes morales : il fut de vingt ans après 1667.

nous appuyer sur l'art. 2251 pour fonder notre décision, car le délai d'appel ne constitue pas une véritable prescription ; mais on ne peut admettre qu'il appartienne au juge d'apprécier si les obstacles peuvent mériter une augmentation du délai, car l'intérêt public serait gravement compromis. Il y a du moins des limites tracées qui excluent tout arbitraire dans les articles que nous allons citer, et la loi, en énumérant les faits qui peuvent être pris en considération, semble avoir elle-même exclu les autres, et confirmé l'opinion que nous émettons.

« Art. 447. Les délais de l'appel seront suspendus « par la mort de la partie condamnée.

« Ils ne reprendront leur cours qu'après la signi« fication du jugement faite au domicile du défunt, « avec les formalités prescrites en l'art. 61, et à « compter de l'expiration des délais pour faire in« ventaire et délibérer si le jugement a été signifié « avant que ces derniers délais fussent expirés.

« Art. 448. Dans le cas où le jugement aurait été « rendu sur une pièce fausse, ou si la partie avait « été condamnée faute de représenter une pièce dé« cisive qui était retenue par son adversaire, les « délais d'appel ne courront que du jour où le faux « aura été reconnu ou juridiquement constaté, ou « que la pièce aura été recouvrée, pourvu que dans « ce dernier cas il y ait preuve par écrit du jour où « la pièce a été recouvrée et non autrement (1). »

(1) Le délai de requête civile ne court contre le mineur que depuis la signification du jugement faite après sa majorité à personne ou à domicile.

56. Lorsqu'il y a appel d'un jugement, l'appel étant le plus souvent suspensif, il y a impossibilité d'exécuter le jugement; tant que l'appel est pendant, la prescription ne peut courir. Quelque longtemps que dure l'instance d'appel, l'appelant possesseur de l'immeuble revendiqué ne peut se prévaloir de sa possession pendant l'appel pour la prescription; la prescription ne commencera de courir que du moment où soit le jugement sur appel, soit la péremption de l'instance aura permis de poursuivre l'exécution du jugement ou de l'arrêt. Nous disons que la péremption commencera à courir du moment de la péremption ou de l'arrêt et non pas du jour où le premier jugement a été rendu, car on ne peut nier que celui qui avait gagné en première instance n'ait toujours été dans l'impossibilité d'agir, et le bénéfice de la suspension ne peut lui être enlevé.

57. — Il n'y a pas non plus de suspension pour les prescriptions commerciales.

Cette décision paraît concerner deux hypothèses différentes. La première est celle où le mineur lui-même est commerçant et a acquis de son chef une créance commerciale ; la seconde est celle où le mineur, ne faisant pas le commerce lui-même, a succédé à un majeur commerçant et a trouvé des créances commerciales dans l'hérédité.

Quand le mineur est commerçant, la prescription de ses créances n'est pas suspendue à son profit, car, bien que le Code de commerce n'ait pas formulé expressément une exception au principe du droit civil, et que l'art. 2252 soit une loi générale, cependant il faut bien admettre à cet article les dérogations qui découlent forcément d'autres dispositions de la loi. Or pour quel motif le Code civil a-t-il établi que les prescriptions des art. 1271 et suivants courraient même contre les mineurs? Pour des raisons que nous avons énumérées (N° 48), et entre autres pour celle-ci : que celui qui fait un métier doit en avoir l'intelligence et peut en subir les conséquences ordinaires. Le mineur commerçant étant non-seulement *présumé*, mais *reconnu* avoir l'intelligence nécessaire, on ne pourrait concevoir que dans la matière du droit commercial, qui requiert comme éléments indispensables la rapidité et la sécurité des transactions, la prescription ne courût pas contre le mineur autorisé à faire le commerce.

L'art. 2272 dit d'ailleurs que l'action des *marchands* pour les marchandises qu'ils vendent à des particuliers *non marchands* se prescrira par un an; l'art. 2278 dit que la prescription de l'art. 2272 court contre le mineur; or quelle raison pourrait-on donner pour faire courir la prescription de l'art. 2272 au profit du particulier *non marchand* contre le mineur commerçant, plutôt qu'au profit *d'un marchand*, comme un voiturier ou un commissionnaire, la prescription de six mois édictée par l'art. 108 (C. Co.) contre le mineur commerçant?

58. Quand le mineur n'est pas commerçant, mais a succédé à un majeur qui l'était, et qui laisse dans son hérédité des créances commerciales, la

créance se prescrira contre le mineur absolument comme elle se fût prescrite contre son auteur.

D'abord (et cette observation s'applique également à l'hypothèse précédente), les prescriptions commerciales sont de l'ordre de celles qu'on appelle statutaires, et l'on peut dire que toutes ces prescriptions, qui ne dérivent pas du droit romain, mais des ordonnances et des coutumes, courent contre les mineurs : il est d'intérêt général qu'elles s'appliquent à tout le monde.

Enfin, nous savons que les prescriptions conventionnelles échappent au principe de la suspension ; or dans les opérations commerciales il est pour ainsi dire sous-entendu entre les parties que les règles générales du Code de commerce seront suivies ; par conséquent, le mineur succédant à un majeur commerçant ne peut trouver parmi ses biens que sa créance telle qu'elle se trouvait par rapport à lui, avec ses causes particulières d'extinction.

59. — On dit quelquefois que le mineur relève le majeur ; mais c'est une règle qu'il faut restreindre à ses justes limites.

A l'égard des choses qui sont non-seulement indivises, mais indivisibles, comme les servitudes ou encore les créances dont l'objet n'admet point de prestations partielles, l'affirmative ne souffre aucune difficulté. Le droit indivisible est considéré comme ne pouvant se conserver ou s'éteindre pour partie, il sera conservé pour le tout (1).

(1) Parlement de Paris, 3 août 1711. — 6 sept. 1787. — Rej., 14 août 1840.

L'art. 707 dit que si l'héritage en faveur duquel la servitude, droit indivisible, est établie, appartient à plusieurs par indivis, la jouissance de l'un empêche la prescription et la perte par non-usage à l'égard de tous.

L'art. 710 déclare que le mineur, par suite de la protection qui lui est accordée, conservera le droit de tous les autres copropriétaires, parce que la prescription n'aura pu courir contre lui.

Mais c'est à cause du caractère d'indivisibilité de la chose que la suspension profite aux majeurs : l'indivision ne serait pas à elle seule suffisante, car la suspension ne serait plus admise qu'à raison de l'état personnel du mineur, et comme elle ne découlerait point du caractère de la chose, les copropriétaires ne pourraient user de cette exception personnelle.

Il en serait ainsi alors même qu'il y aurait solidarité; la solidarité ne crée pas l'indivisibilité, et si l'interruption faite par l'un des créanciers solidaires profite aux autres, c'est qu'elle n'est point admise à raison de l'état de celui qui la fait; qu'elle découle d'une sorte de mandat donné réciproquement dans l'intérêt de tous (Rej., 23 fév. 1832. Dev., 32,1537).

60. Lorsqu'un majeur et un mineur ont été copropriétaires d'un droit indivisible, et que, par suite du partage, ce droit est devenu la propriété du majeur, faut-il dire que la prescription a couru *ab initio*, parce qu'en vertu de l'art. 883 le mineur n'a eu qu'un droit de cojouissance indivise, et que c'est le majeur qui est réputé avoir toujours été propriétaire

(Cass. 2, déc. 1845)? Ou faudra-t-il voir dans l'art. 710 une dérogation à l'art. 883? L'arrêt de la Cour de cassation n'enlève pas toute application à l'art. 710, car cet article a encore son utilité, si l'indivision n'a pas cessé et que, pendant plus de trente ans, le majeur n'ait point exercé le droit. On pouvait douter que le droit indivisible fût conservé du fait du mineur ou perdu du fait du majeur; l'art. 710 tranche la question contre la liberté des héritages.

Cependant, je n'admettrai point ce système, parce qu'il amène une interprétation trop subtile du mot *copropriétaire* de l'art. 710 et qu'il rend cet article presque inutile, puisque rarement l'indivision subsistera trente années.

61. — La prescription étant suspendue au profit de l'une des parties dans un contrat synallagmatique, l'autre partie pourra-t-elle réclamer l'objet de la créance corrélative ou sera-t-elle écartée par la prescription?

Après plus de trente ans de la vente, l'acheteur vient demander la livraison de la chose vendue, le vendeur oppose la prescription. L'acheteur répond qu'il était mineur, que la prescription étant suspendue à son égard, le vendeur n'a pu se libérer de son obligation par prescription.

Mais si le vendeur n'a pas encore réclamé son prix, la prescription ayant couru à son égard, devra-t-on présumer qu'il en a reçu le payement, ou la suspension au profit de l'acheteur entraînera-t-elle suspension à son profit?

Je ne crois pas que le vendeur puisse s'autoriser de la faveur que méritait à celui avec qui il a traité son état personnel. L'acheteur pourra, en invoquant la suspension, réclamer la livraison de l'objet vendu, mais il ne sera point obligé de payer le prix, car c'est entre autres choses sur la présomption du payement du prix qu'est fondée la prescription.

SECTION 2me. — *Suspension de la prescription à l'égard de la femme mariée.*

62. — En principe, la prescription court contre la femme mariée.

Elle est moins protégée que le mineur ou l'interdit; bien que son mari soit sous certains régimes un administrateur que l'on puisse à certains égards assimiler au tuteur, elle est plus capable de se défendre; elle peut, en maintes circonstances, se faire autoriser de justice; et, contre les négligences et la mauvaise administration de son mari, elle a la ressource de la séparation de biens, qui la rend maîtresse de la plupart de ses actes; enfin, son incapacité est sociale plutôt que naturelle.

63. — Une femme s'est mariée sans son libre consentement, ou bien elle a été induite en erreur (180); une action lui est ouverte pour attaquer ce mariage : cette action peut durer dix ans selon les uns, qui règlent cette prescription sur les termes de l'art. 1304; trente ans selon d'autres, qui ne veulent pas assimiler des contrats purement pécuniaires à ceux où des in-

térêts moraux sont seuls en jeu, et qui appliquent l'art. 2262; mais dans tous les cas ce délai courra contre la femme pendant le mariage (1). Elle pourra même couvrir cette nullité par une ratification expresse ou par une ratification tacite, comme lorsqu'il y a eu cohabitation avec le mari pendant six mois consécutifs.

64.—De même si une femme se marie avant l'âge, elle peut encore pendant le mariage en couvrir la nullité, si elle laisse écouler six mois depuis qu'elle a atteint l'âge compétent (185). Malgré la dépendance résultant de la puissance maritale, la loi ne suspend pas la prescription.

65. — Passant aux intérêts purement pécuniaires de la femme, nous arrivons à l'art. 2254.

Cet article, où se trouve posé le principe de la non-suspension à l'égard de la femme mariée, s'exprime d'une manière obscure et incomplète :

« La prescription court contre la femme mariée, « encore qu'elle ne soit point séparée par contrat de « mariage ou en justice, à l'égard des biens dont le « mari a l'administration, sauf son recours contre « le mari. »

Le législateur semble dire que la prescription est suspendue pour les biens dont la femme a l'administration; mais donner cette interprétation, ce serait entrer bien peu dans l'esprit de la loi. S'il est un cas

(1) Dans une troisième opinion, on considère cette action, par suite de son affinité avec une question d'état, comme imprescriptible : il n'existerait qu'une seule et unique fin de non-recevoir, celle tirée de la cohabitation continuée pendant six mois.

où la prescription doive courir, c'est alors, certes, que la femme a la libre administration de ses biens. Il n'était utile de s'expliquer qu'à l'égard des biens que le mari administre; et l'art. 2254 signifie que la prescription court, sauf les exceptions des art. 2255 et 2256, contre la femme, sous tous les régimes, même celui de la communauté, pour tous les biens, même ceux dont l'administration est réservée au mari.

Si la femme est mariée sous le régime de la communauté, la prescription pourra donc atteindre les biens qui sont tombés du chef de la femme en propriété dans la communauté, ainsi que ceux qui lui restent propres.

Est-elle mariée sous le régime sans communauté, les règles sont les mêmes que sous celui de la communauté.

Si la femme est sous le régime de la séparation de biens, soit par contrat, soit par jugement, sa dépendance étant moins grande, la prescription s'explique mieux encore puisque cette femme a l'administration de ses biens.

Est-elle mariée sous le régime dotal, la prescription courra à l'égard de ses biens paraphernaux, des biens dotaux déclarés aliénables, et en deux circonstances à l'égard des biens dotaux inaliénables; mais nous entrerons plus tard dans les explications que comportent ces deux régimes.

66. Au surplus, la femme aura son recours contre le mari, quand ce sera par la faute de celui-ci que la prescription sera acquise contre elle.

Il ne suffirait pas au mari d'alléguer que la prescription a commencé avant le mariage, car il est responsable de toutes les prescriptions survenues par sa négligence (1562).

Sa responsabilité commence au jour du mariage; c'est dès ce jour qu'il doit ou interrompre lui-même le cours de la prescription, ou donner avis à la femme de faire des actes interruptifs; toutefois, si la prescription était tellement imminente qu'il n'eût pu la prévenir, ou qu'il n'eût pas eu le temps de prendre connaissance des intérêts à lui confiés, on conçoit qu'il pût être relevé du recours auquel il est exposé. C'est au juge d'apprécier les circonstances; il faut que le mari soit en faute, il faut qu'il ait eu possibilité d'agir.

Il est nécessaire, pour l'exercice du recours, que l'accomplissement de la prescription ait été préjudiciable à la femme. Et, en effet, lors même qu'il y aurait eu négligence de la part du mari, si les poursuites auxquelles il a manqué n'avaient pu amener aucun résultat, il ne pourrait être question de le soumettre à la réparation d'un préjudice qui n'existe pas. Mais il ne faut pas oublier qu'en général l'inaction du mari sera de nature à le soumettre à quelque responsabilité, car d'ordinaire l'incertitude de l'avenir lui commandera de ne point laisser périr une action qui peut avoir des effets utiles.

07. Si, d'un côté, il suffit que la prescription s'accomplisse en mariage, fût-ce quelques jours après l'union des époux, pour que le mari soit responsa-

ble ; d'un autre côté, il suffit que la prescription s'accomplisse, après que la femme a repris l'administration de sa fortune, soit par la séparation de biens, soit par la dissolution du mariage, pour que cette femme ne puisse exercer aucun recours contre le mari.

68. Dans l'ancien droit, lorsque le recours par suite de l'insolvabilité du mari était inefficace, on prétendait que l'épouse pouvait se faire restituer contre une prescription dont elle était la victime. Cambolas, Duperrier, le parlement de Provence, se sont prononcés pour l'affirmative; mais les intérêts des tiers étaient étrangement blessés, ainsi que le faisait remarquer Catelan.

Dans le Code, les majeurs ne peuvent plus être restitués que pour les cas expressément prévus par la loi (1313).

En résumé, la prescription court contre les femmes quel que soit le régime sous lequel elles soient mariées, et quels que soient les intérêts menacés, que la prescription ait commencé avant ou pendant le mariage.

Toutefois, ce principe subit quatre exceptions :

1° La prescription est suspendue à l'égard de l'action en rescision qui appartient à la femme (art. 1304) contre la convention qu'elle a faite sans l'autorisation de son mari ;

2° Elle est également suspendue dans le cas où l'action de la femme réfléchirait contre le mari (art. 2256, 2°) ;

3° Elle ne court point pendant le mariage à l'égard de l'aliénation d'un fonds inaliénable (article 2255), sauf deux exceptions;

4° Elle est également suspendue dans le cas où l'action de la femme ne pourrait être exercée qu'après une option à faire sur l'acceptation ou la renonciation à la communauté.

69. — « 1° La prescription est suspendue contre la « femme mariée jusqu'à la dissolution du mariage, « à l'égard de la convention qu'elle a conclue sans « l'autorisation de son mari (art. 1304). »

Dans l'ancienne jurisprudence, de même qu'aujourd'hui, les actions rescisoires se prescrivaient par dix ans entre majeurs à compter du jour où avaient été faits les actes contre lesquels ces actions étaient dirigées. Il est bien entendu que l'action de la femme, se fondant sur son incapacité, ne peut commencer à courir que du jour où l'incapacité a cessé. Donc, quand la femme a contracté au mépris de la puissance maritale, la prescription ne commence à courir que du jour de la dissolution du mariage. Ce n'est qu'à partir de ce moment qu'elle est véritablement libre; car la crainte d'encourir la disgrâce de son mari, à l'insu duquel elle s'est obligée, lui fait, présume-t-on, garder le silence pendant le mariage et sacrifier ses intérêts à la paix du ménage. On ne pouvait la rendre victime d'une négligence qui ne lui était point imputable, tant que l'impuissance morale d'agir n'avait pas disparu.

70. L'action en nullité appartient aussi au mari,

qui peut demander l'annulation de l'acte passé sans autorisation; mais le point de départ ne peut être pour lui le même que pour la femme. Les dix ans doivent courir du jour où il a eu connaissance de l'acte, et non de la dissolution du mariage; car, même pendant le mariage, il est libre d'agir, et la prescription peut courir contre lui, puisqu'il est capable de s'en défendre.

Partout, en effet, dans la discussion du projet comme dans le rapport au Tribunat, lorsqu'il est question de ne faire partir la prescription que de la dissolution du mariage, on ne parle que de la femme. (*Fenet*, t. XVIII, p. 287.) Si donc le mari laisse passer dix ans depuis le jour où il a eu connaissance de l'acte, son silence est une ratification tacite; mais cette ratification n'éteint point l'action de la femme, pas plus que ne l'éteindrait, du reste, une ratification formelle. Car la rescision n'est pas fondée seulement sur ce que l'autorité maritale a été méconnue, mais encore sur le dommage qui peut résulter de la faiblesse ou de l'inexpérience de la femme. Or la femme est moins protégée par une ratification qu'elle ne l'eût été par une autorisation donnée à l'origine; souvent le mari, soit par respect humain, soit par égoïsme ou même quelquefois par malveillance, ne reviendra pas sur ce que certainement il n'eût pas autorisé d'abord.

71. Faut-il regarder ce délai de dix ans comme un délai préfixe, invariable, ou comme une prescription proprement dite, soumise, à ce titre,

à toutes les causes de suspension admises par l'art. 2251 ?

Selon l'opinion la plus générale, il faut voir, dans le délai de dix ans, une véritable prescription.

On objecte que le but de l'art. 1304 n'est autre que de réduire pour tous les cas au même temps une action que des minorités successives pourraient étendre au delà de toute raison. Mais s'il est vrai que la prescription ait été réduite, qu'elle soit de dix ans au lieu de trente, elle n'en est pas moins une prescription avec tous les caractères de la prescription; si le Code avait cru devoir faire une exception, il se serait sans aucun doute formellement expliqué comme au sujet de l'action en rescision de la vente pour cause de lésion (art. 1676).

On dit encore qu'aux termes de l'art. 2264, les règles de la prescription sur d'autres objets que ceux mentionnés au titre de la prescription sont expliquées dans les titres qui leur sont propres; que l'art. 1304 est bien un article spécial, qu'on ne peut lui appliquer la suspension de l'art. 2252. Mais c'est là une fausse interprétation : l'art. 2264 ne signifie point qu'on n'applique pas les règles générales de la prescription : il veut dire que les règles générales du titre de la prescription n'abrogent pas les règles propres à certaines prescriptions énoncées dans le Code; que les prescriptions spéciales sont soumises d'une part au droit commun, et de l'autre à un droit exceptionnel, selon qu'il est dit en chaque article (1).

72. Si la femme reste dix ans après le mariage sans attaquer l'acte annulable, pourra-t-elle opposer aux poursuites dirigées contre elle par le créancier l'exception tirée du défaut d'autorisation? L'exception dure-t-elle autant que l'action qu'elle est destinée à repousser? L'ancienne maxime *quæ temporalia sunt ad agendum, perpetua sunt ad excipiendum* a-t-elle été conservée?

Dans le droit romain, si le contrat n'a pas reçu d'exécution, si la partie trompée n'a pas livré la chose, l'action en rescision n'est pas nécessaire, l'exception suffit. On trouve que la partie lésée n'a pas besoin d'attaquer un contrat dont l'exécution ne sera peut-être jamais demandée.

L'exception est perpétuelle.

Si, au contraire, la partie lésée a exécuté le contrat, comme elle ne pourrait plus trouver dans l'intervention du préteur le moyen de repousser la prétention de son adversaire, elle doit agir pour faire valoir ses droits; mais il faut qu'elle agisse dans un certain délai, passé lequel elle est présumée avoir renoncé à son droit.

Ce système a sa raison d'être dans une législation qui n'avait pas créé d'actions en nullité.

Il a été rejeté par l'ordonnance de Villers-Cotterets, rendue sous François Ier, en 1539 : « Nous

(2) Rej., 8 nov. 1842. Dev., 1, 120. — *Contra*, Toullier, n° 615. Duranton, n° 548.

« voulons oster toutes difficultés sur le temps que se « peuvent faire casser les contrats faits par les mi« neurs, ordonnons qu'après l'âge de trente-cinq ans « parfaits et accomplis, ne se pourra pour le regard « du privilége en faveur de minorité plutost déduire « ni poursuivre la cassation desdits contrats, en de« mandant ou en défendant. »

Le Code a-t-il statué de même? L'art. 1304 atteint-il à la fois l'action et l'exception?

Dans le rapport fait au Tribunat sur cet article, il fut dit que les nullités absolues pourraient être proposées par voie d'exception à toute époque; tandis que les nullités pour lesquelles on avait organisé l'action rescisoire ne pourraient être proposées *exceptionis ope* que dans le délai de l'action, parce que, passé ce délai, il y aurait ratification. Lorsqu'il s'agit d'un engagement contracté sans objet ou sans cause, ou pour une cause illicite, il est tout simple que celui qui a souscrit l'engagement, à quelque époque qu'il soit poursuivi, soit toujours admis à répondre qu'il n'y a pas d'obligation; l'obligation n'existe pas : on ne peut ratifier le néant. Mais lorsqu'il s'agit d'un engagement qui n'est qu'annulable, d'une obligation, par exemple, contractée par un mineur ou une femme mariée, on ne peut admettre que le débiteur puisse indéfiniment repousser la créance du demandeur. L'obligation existe et elle est susceptible de ratification. La nécessité d'un délai devient d'ordre public, et un laps de temps écoulé sans réclamation fait présumer la ratification.

Les rédacteurs du Code paraissent n'avoir point repoussé ces idées. Aussi dirons-nous que si dix ans se sont écoulés depuis la dissolution du mariage, sans que la femme ait agi en nullité de l'acte qu'elle a fait sans autorisation de son mari, le créancier pourra valablement réclamer d'elle l'exécution de son obligation; la femme n'aura pas d'exception pour le repousser. Le contrat est ratifié.

Et l'on ne concevrait guère qu'il en fût autrement; car, à la différence de ce qui était admis par le droit romain, on peut dans notre Code attaquer et faire annuler un contrat, qui plus tard pourrait vous êtes opposé.

En vain l'on s'étonnerait que celui qui n'est pas troublé allât prendre l'initiative d'une lutte qui, le constituant demandeur, lui fera perdre la position la plus avantageuse. Une obligation est née contre lui, obligation qu'il peut anéantir, mais qui n'en existe pas moins *ab initio* : un moyen lui est donné pour l'attaquer dans un délai assez court, parce qu'il serait souvent difficile au juge d'apprécier, après un long temps, les circonstances qui autorisent et fondent la nullité. S'il n'use de ce moyen, il est censé renoncer à la restitution qui lui était offerte, se soumettre au droit commun, et il n'a pas plus la voie d'exception qu'il n'a encore la voie d'action, car les juges n'auraient pas plus d'éléments pour se décider sur l'exception que sur l'action (1).

(1) Marc, 1304. Rej., 29 juin 1826. — *Contra*, Merlin, Toullier. VII, 600. Zachariæ, Troplong.

Ce système présente peut-être quelque danger, car si un interdit contracte et qu'il soit relevé de son incapacité, il pourra ignorer l'obligation qui pèse sur lui; et si le créancier garde le silence pendant dix ans, cet interdit pourra se trouver forclos de toute exception ; mais les inconvénients sont bien atténués dans l'espèce que nous supposons, en ce que l'interdit pourra soutenir que le contrat est absolument nul par absence de tout consentement. Il n'existerait même aucun inconvénient si l'on ne faisait, dans tous les cas, courir les dix ans que du jour où l'interdit, revenu à la raison, aura eu connaissance de l'acte, ou, comme pour l'aliéné, en aura reçu notification, conformément à la loi de 1838.

En résumé, la prescription est suspendue à l'égard de la femme pour tous les actes qu'elle a faits sans l'autorisation de son mari, parce qu'elle ne serait point libre d'agir avant la dissolution du mariage, et cette règle s'applique, quel quesoit le régime sous lequel elle soit mariée.

73. — « 2° La prescription est suspendue contre « la femme jusqu'à la dissolution du mariage, sous « quelque régime qu'elle soit mariée, toutes les fois « que l'action qu'elle doit exercer réfléchirait contre « son mari. »

Cette règle n'existait point en droit romain ; avant le Code civil elle avait été universellement reconnue dans notre ancien droit français, et il n'en est guère de plus juste.

Elle rappelle le principe que nous avons déjà exposé : de même que la femme ne peut être présumée libre, et doit laisser plutôt péricliter ses intérêts que d'avouer ce qu'elle a fait au mépris de l'autorisation maritale; de même elle ne peut souffrir d'une inaction qui repose sur la crainte de diminuer ou de perdre l'affection d'un mari dont elle aurait compromis les intérêts. Dans la saine appréciation de la position de la femme, la loi, pour ne point la soumettre à l'alternative de sacrifier son bonheur ou sa fortune, déclare que la prescription sera suspendue toutes les fois que l'action de la femme sera de nature à réfléchir contre le mari.

74. Cela demande à être bien entendu. Il n'y aura point suspension, par cela seul que le mari serait responsable envers sa femme. Par action qui réfléchit contre le mari, l'art. 2256 désigne le recours des tiers contre le mari, à la suite de l'action que la femme aurait intentée contre les tiers. C'est cette lutte d'un tiers et du mari, conséquence de l'action de la femme, que la loi redoute pour l'union des époux, et c'est pour éviter une cause de rupture qu'elle suspend la prescription de cette action pendant le mariage.

75. Cette règle s'applique dans toutes les circonstances où le mari a traité sans pouvoir des droits propres à la femme, et dans celles où la femme a traité elle-même sans la capacité ou les conditions nécessaires sous le cautionnement ou l'obligation solidaire du mari.

Parcourons quelques applications.

L'art. 2256 nous en donne une des plus frappantes.

Un immeuble de la femme a été vendu sans son consentement par le mari. Si la prescription courait pendant le mariage, elle serait obligée d'agir contre l'acheteur, qui recourrait à son tour contre le mari, lui réclamant, en vertu de la garantie, le prix de l'immeuble, les frais et loyaux coûts du contrat, et parfois d'autres dommages-intérêts (1630). C'est son mari qu'elle atteindrait en poursuivant l'acheteur; aussi celui-ci ne peut-il prescrire, tant que durera le mariage, et partant l'impuissance morale de la femme à exercer ses droits.

Pour qu'il fût exonéré de tout recours, il faudrait qu'il eût vendu à un acheteur, sans garantie et à ses risques et périls, ou qu'il eût donné *non dotis causa;* et l'on s'aperçoit du résultat assez bizarre où ce système peut conduire. Car tel usurpateur prescrira, tandis qu'un acheteur de bonne foi ne pourra utiliser sa possession pendant le mariage, précisément à cause de sa position favorable, c'est-à-dire à cause du recours que la loi lui accorde.

76. Ce n'est pas seulement dans le cas où l'action de la femme ferait naître un recours contre le mari, que la prescription est suspendue, mais dans tous les cas où l'action réfléchirait contre le mari. Le texte est favorable à ce que réclame l'esprit de la loi.

Si une femme mineure vend solidairement avec son mari, et sans formalité, l'immeuble qui lui est propre, la vente est annulable; la femme a une action en rescision, mais cette action est suspendue non-seulement jusqu'à la majorité de l'épouse, mais jusqu'à la dissolution du mariage, car, sans faire naître un recours contre le mari, elle réagirait cependant contre lui. L'acheteur privé de la garantie de la femme serait plus pressé de poursuivre le mari : l'action nuirait au mari ; elle serait de nature à causer des troubles entre lui et la femme ; et cela seul suffit pour motiver une suspension de prescription, car les termes de l'art. 2256 sont généraux ; il dit, en effet : *dans tous les cas où l'action réfléchirait contre le mari* (1).

77. Il en serait de même si le mari s'était obligé conjointement avec sa femme mineure, dans la vente qu'elle faisait d'un de ses immeubles ; il est responsable vis-à-vis de l'acheteur, qui trouve des garanties à son intervention. Si la femme usant de l'action en rescision faisait annuler la vente, l'acheteur aurait contre le mari un certain recours ; le mari pourrait s'opposer à l'exercice de cette action préjudiciable à ses intérêts ; dès lors la loi a cru devoir établir la suspension.

78. Nous n'étendrons pas cette décision au cas où le mari se serait borné à donner son autorisation : la prescription courrait alors soit du jour de la majorité, soit de celui du contrat, parce que le mari n'est pas obligé lui-même. L'autorisation n'étant qu'un acte désintéressé du pouvoir marital, il n'y avait pas lieu

(1) Vazeille, 286. Troplong, 770. Arrêts du parlement de Paris, 27 mai. 1er juillet 1672. — 3 mai 1718.

de suspendre la prescription qui ne pouvait réfléchir contre le mari. *Qui auctor est non se obligat.*

79. Examinons maintenant quelques hypothèses où la femme en se dégageant d'obligations personnelles qu'elle aurait contractées, soit pour son propre intérêt, soit pour celui de la communauté, serait dans le cas d'amener un recours contre le mari.

La prescription de l'action en rescision est suspendue pendant le mariage, lorsque la femme mineure a contracté dans son propre intérêt, avec autorisation du mari, un engagement qui dépasse sa capacité, et que le mari a accédé à l'obligation soit comme caution, soit comme obligé solidaire. Si la femme eût exercé pendant le mariage l'action en rescision, le créancier fût devenu plus pressant, car il eût vu diminuer ses garanties. Le mari, exposé à se trouver sans recours contre sa femme légalement libérée, eût paralysé l'exercice des actions de la femme; aussi la loi vient-elle en aide à cette femme.

80. Il en est même ainsi quand le mari ne s'est obligé que conjointement. Dans ce cas encore, le délai de rescision ne court pas pendant le mariage. L'obligation conjointe pèse sur le mari personnellement pour sa part et portion ; et si le mari est séparé de biens avec sa femme, il ajoute immédiatement aux garanties effectives du créancier (1).

81. Si c'est la femme mineure qui accède aux obligations du mari ou de la communauté, soit solidairement, soit conjointement, les raisons de décider sont

(1) *Contra*, Vazeille, qui confond l'autorisation et l'obligation conjointe.

les mêmes. Un arrêt de la Cour de Paris, du 13 février 1809, déclare, il est vrai, que la règle qui suspend la prescription pendant le mariage, dans le cas où l'action de la femme réfléchirait contre son mari, n'est point applicable lorsque les époux se sont obligés solidairement ou conjointement, parce que le mari étant déjà engagé, l'action était sans conséquence pour lui et ne rendait pas sa condition pire. Mais n'avons-nous pas déjà démontré qu'il n'était pas besoin d'un recours en garantie pour motiver cette suspension, qu'on l'induisait raisonnablement de l'aggravation de la situation du mari, ce qui n'est point contesté dans notre espèce, puisque le créancier voit diminuer ses garanties?

82. Dans tous les cas où l'action réfléchirait contre le mari, si l'absence du mari est déclarée, l'influence du mari n'est plus là pour mettre obstacle à l'action interruptive de la prescription. Ce sont des héritiers présomptifs qui sont en possession des biens: leur présence ne doit pas produire plus d'effets que celle d'héritiers véritables.

83. Les enfants majeurs placés entre des tiers et leur père et mère, dans une situation analogue, n'ont pas de suspension, bien que l'exercice de leurs droits doive nuire à leurs parents; mais cela tient à ce que la puissance paternelle n'est plus aussi vigoureusement organisée en notre société qu'elle l'était dans la société romaine. La suspension est circonscrite à la minorité, parce que, dégageant mieux l'individualité, le Code a vu dans les majeurs des

hommes libres dans la plénitude de leurs droits, et a cru que le respect dû au père n'était point incompatible avec la défense de leurs intérêts.

84. — « 3° Lorsque la femme est mariée sous le « régime de la communauté, la prescription ne court « pas contre elle, quant aux actions qu'elle ne peut « exercer qu'après une option à faire sur l'acceptation ou la répudiation de la communauté. »

Le mari fait-il des actes en dehors de son droit sur la communauté, donne-t-il des immeubles, l'universalité du mobilier, la femme peut demander la nullité de la donation, mais seulement à la dissolution de la communauté, et à la condition qu'elle l'accepte; car, en renonçant, elle perd le droit de critiquer les actes du mari sur des biens dont elle a répudié toute part de propriété.

La femme a ameubli un immeuble, mais à la condition que cet ameublissement serait non avenu si elle renonçait à la communauté. Que l'immeuble passe entre les mains de tiers par vente, donation ou échange, ce tiers ne prescrira qu'à partir de la dissolution de la communauté.

Lorsque la femme a une portion de propriété dans un immeuble indivis, si le mari devient, seul et en son nom personnel, acquéreur ou adjudicataire de la portion ou de la totalité de cet immeuble, la femme aura, lors de la dissolution de la communauté, le choix ou d'abandonner l'effet à la communauté, laquelle devient alors débitrice d'une part du prix envers la femme, ou de retirer l'immeuble en remboursant à la communauté le prix d'acquisition (1408).

Comme le choix ne peut se faire qu'après la dissolution de la communauté, et que jusque-là il est incertain si le fonds sera conquêt de la communauté ou propre de la femme, la prescription ne doit point courir avant le temps fixé pour l'option.

Donc, tant que la communauté subsistera, la prescription ne peut courir contre une action qui dépend du parti que la femme prendra ultérieurement (1422-1492).

Remarquez que malgré les termes de l'article 2256, la prescription est suspendue *pendant le mariage* dans le cas où....... Les exemples que nous venons de citer ne parlent jamais que de la dissolution de la communauté, et avec raison. La suspension dure jusqu'à l'option à faire par la femme, et la dissolution du mariage n'est pas le seul événement qui donne lieu à cette option; cette option est aussi la conséquence de la séparation de biens, elle l'est également de la déclaration d'absence. Si la femme après l'absence de son mari se déclare pour la dissolution de la communauté, la prescription n'est plus suspendue; et à moins que l'absent ne donne de ses nouvelles ou ne revienne avant que la prescription soit accomplie, la dissolution provisoire de la communauté aura eu les mêmes effets que la dissolution définitive. On ne peut donc dire que la prescription soit suspendue pendant le mariage, puisque le mariage continue après la séparation de biens et la déclaration d'absence.

85. Il nous importe de rechercher quelles sont les causes de cette suspension. N'est-elle qu'une application du principe de l'article 2257? ou bien l'article 2256, est-il limitatif?

Il n'est pas contestable que si la femme mariée a une créance conditionnelle, la prescription ne courra point contre elle jusqu'à l'accomplissement de cette condition; mais alors ce n'est plus sa position de femme mariée, et mariée sous le régime de la communauté, qui lui vaut cet avantage; elle est dans la position de tout le monde; seulement, comme l'art. 2257 ne s'applique qu'aux droits personnels (*vide infra*), et ne s'étend pas aux droits réels, l'article qui nous occupe n'en peut être une application; ce n'est pas parce que l'action de la femme est conditionnelle qu'elle est suspendue.

Si les actions dont l'exercice ultérieur dépend, pour la femme, de son option ou de sa répudiation de la communauté, pouvaient se prescrire pendant le mariage, la femme serait obligée de contrôler les actes du mari, d'exercer sur l'administration, pour interrompre la prescription, une surveillance qui pourrait amener de graves dissentiments. La loi, comme dans les exceptions précédentes, tenant compte à la femme des considérations morales qui la rendaient impuissante à agir, s'est prononcée pour la suspension.

Notre article est donc spécial et limitatif. Ce n'est pas toute condition qui opérera suspension au profit de la femme, mais la seule condition d'une option à faire lors de la dissolution de la communauté.

86. — Nous arrivons à la quatrième et dernière exception à la règle que la prescription court contre la femme pendant le mariage.

« 4° Néanmoins elle ne court point pendant le « mariage à l'égard de l'aliénation d'un fonds con« stitué selon le régime dotal, conformément à « l'art. 1561, au titre du contrat de mariage et des « droits respectifs des époux (art. 2255). »

Les biens paraphernaux restent soumis à la prescription; la femme en a l'administration, la jouissance. A leur égard, elle est libre, nullement empêchée d'agir, aucun motif ne pourrait justifier une exception à la règle générale à laquelle elle reste soumise.

L'inaliénabilité du fonds dotal l'une des principales garanties de la conservation et de la restitution de la dot (garanties qui, bien qu'il y eût une dot en tout régime, ont valu à ce régime le nom de dotal, à cause de la protection spéciale dont la dot y est entourée), n'est pas de l'essence du régime dotal. On peut, par les conventions du contrat de mariage, déroger aux règles qui ne sont point contraires à la loi et à l'ordre public (art. 6); on peut, par une clause du contrat, rendre les immeubles dotaux aliénables.

Lors de la première rédaction du projet du Code, l'art. 1561 disait d'une manière générale : Le fonds dotal est imprescriptible pendant le mariage; mais, sur les observations du Tribunat, qui voulait, autant que possible, restreindre l'imprescriptibilité, il fut corrigé en ce sens que les immeubles dotaux inaliénables seraient seuls imprescriptibles.

87.— Quant aux créances et aux meubles dotaux, ils restent prescriptibles. L'art. 1561 ne fait sortir du droit commun que les immeubles dotaux. L'art. 2255 ne parle que du fonds dotal.

Catelan disait : « Que la prescription d'une somme « due à la femme courait en faveur de son débiteur, « quoique la femme eût constitué à son mari tous ses « biens, et que la prescription n'eût pas commencé « avant le mariage. L'imprescriptibilité, ajoutait-il, « n'est que la conséquence de l'inaliénabilité, et « celle-ci ayant été limitée par la loi Julia aux fonds « dotaux, ne peut être étendue aux droits incorpo- « rels. »

Védel remarquait avec la plus grande raison qu'il y avait bien de la différence entre l'aliénation d'un fonds dotal faite pendant le mariage et la libération qu'un débiteur acquiert par la prescription pendant le même temps. Celui qui possède un fonds dotal est acquéreur de mauvaise foi et le détient injustement, puisque la loi en défend l'aliénation, et qu'il est en faute de ne le pas savoir. Le débiteur, au contraire, qui acquiert sa libération en prescrivant, ne fait qu'user du droit qui lui est ouvert de se libérer par le payement de sa dette entre les mains du mari ; car la prescription produit le même effet qu'un payement réel, et n'en est, à proprement parler, qu'une présomption légale. Le débiteur peut donc prescrire les créances dotales, de même qu'il pouvait payer au mari.

Le droit romain admettait, du reste, la possibilité d'usucaper les meubles dotaux, comme il admettait leur aliénabilité. Les rédacteurs du Code n'ont pu se montrer plus favorables à la femme que les inventeurs eux-mêmes du régime dotal.

Sans admettre, comme Catelan, que l'imprescriptibilité est la conséquence de l'inaliénabilité (l'art. 1561 s'oppose positivement à cette corrélation) : nous pensons que si les meubles dotaux ont été considérés par le Code comme prescriptibles, c'est toujours un peu parce qu'ils sont aliénables, et beaucoup parce qu'il y aurait eu trop d'inconvénients à soumettre à des recours sans fin les possesseurs de meubles, et à tenir en échec la propriété mobilière, assujettie par sa nature à des mutations qui exigent la plus entière liberté.

88. — L'imprescriptibilité s'applique aux démembrements de la propriété comme à la propriété elle-même. Ainsi, on ne peut acquérir par la prescription aucune servitude sur le fonds dotal, ni se libérer d'une servitude qui lui serait due.

89. — Le principe posé dans la première partie de l'art. 1561, d'après lequel l'immeuble dotal est imprescriptible pendant le mariage, s'applique même au cas où l'immeuble n'était pas d'abord précisément dotal, pourvu qu'il le soit devenu plus tard par suite de partage Ainsi, lorsqu'une femme mariée sous le régime dotal apporte en dot la part de succession in-

divise à laquelle elle est appelée, s'il arrive que par l'effet du partage un immeuble lui soit attribué, comme cet immeuble sera réputé lui avoir appartenu dès le jour de l'ouverture de la succession (883), et aura, en conséquence, à partir de cette époque, le caractère de bien dotal imprescriptible, un tiers ne pourrait arguer de sa possession et de sa bonne foi pour le prescrire (2265).

90. — La règle de l'imprescriptibilité du fonds dotal reçoit plusieurs tempéraments :

1° Les immeubles dotaux, même inaliénables, sont prescriptibles pendant le mariage, si la prescription a commencé avant le mariage (art. 1561) ;

2° Ils sont prescriptibles à partir de la séparation de biens, quelle que soit l'époque à laquelle la prescription a commencé, encore qu'ils continuent d'être inaliénables jusqu'à la dissolution du mariage.

91. — 1° Les immeubles dotaux, quoique inaliénables, continuent d'être prescriptibles, même pendant le mariage, si au moment de la célébration on était déjà en voie de les prescrire. Les rédacteurs du Code, peu favorables aux règles qui pourraient entraver la circulation des biens, n'ont pas voulu que par le mariage la femme changeât la position des tiers (1165). Ils n'ont pas vu dans le mariage une cause de suspension de la prescription. Si, lors du mariage, un tiers possède depuis un certain temps un immeuble, et que cet immeuble soit constitué en dot, le tiers continuera de prescrire, et si la prescription s'accomplit, la femme n'aura de recours contre son mari

que s'il y a eu négligence de sa part (*vide supra*). Le commencement de la prescription avant le mariage n'empêche pas la responsabilité du mari; et, comme sous le régime dotal, il a la délégation de toutes les actions de la femme (1562), c'est toujours à lui d'arrêter le cours de la prescription.

92. Pour que l'immeuble se prescrive pendant le mariage, il suffirait que la possession du tiers existât lors de la célébration du mariage; peu importe que le cours de la prescription eût été alors suspendu par une cause quelconque, telle que la minorité de la femme.

93. — Ces règles étaient à peu près les mêmes dans le droit romain.

Si fundum quem Titius possidebat bona fide, longi temporis possessione poterat sibi quærere, mulier ut suum marito dedit in dotem, eumque petere neglexerit vir, cum id facere posset, rem periculi sui fecit. Nam licet lex Julia, quæ vetat fundum dotalem alienari, pertineat etiam ad hujus modi adquisitionem, non tamen interpellat eam possessionem, si antequam constitueretur dotalis fundus, jam cœperat. Plane si paucissimi dies ad perficiendam possessionem superfuerunt, nihil erit quod imputabitur marito. (L. XIV, *de Fundo dotali.*)

94. — 2° Les immeubles deviennent néanmoins prescriptibles après la séparation de biens, quelle que soit l'époque à laquelle la prescription ait commencé.

L'exception que nous avons examinée précédemment porte déjà atteinte au principe que l'immeuble dotal est imprescriptible pendant le mariage; en effet, généralement lorsqu'un immeuble est frappé d'inaliénabilité par une loi transitoire, la prescription est suspendue entre les mains du tiers possesseur jusqu'au jour où l'inaliénabilité cesse; mais celle-ci attaque directement le principe de l'imprescriptibilité. Elle fut admise en haine des entraves à la libre circulation des biens, sur la motion du Tribunat.

95. — La séparation de biens, que le mauvais état des affaires du mari permet d'accorder à la femme dont la dot est en péril, ou qui a lieu de craindre que les biens de son conjoint ne soient pas suffisants pour la remplir de ses droits et reprises (1443), n'opère pas la rupture du mariage; le caractère d'inaliénabilité imprimé aux immeubles ne s'efface point, et cependant ils redeviennent soumis aux lois générales de la prescription.

Il semble assez difficile de concilier l'inaliénabilité du fonds dotal qui persiste, après la séparation de biens, avec la prescriptibilité à laquelle la femme se trouve soumise; ces deux caractères paraissent se contrarier l'un l'autre. La prescription n'est-elle point une aliénation tacite? Peut-on faire indirectement ce que la loi défend expressément? La femme pourra-t-elle, par un silence prolongé, aliéner indirectement un bien dont l'aliénation directe serait nulle même avec l'autorisation du mari? La loi paraît être tombée dans une étrange contradiction, et cependant on peut en donner quelque explication. L'inaliénabilité a sa source dans une convention légale; la prescription est un principe d'ordre public qui doit tout atteindre. Elle est moins dangereuse que l'aliénabilité directe, puisqu'il faut un certain temps pour la consommer. Elle est moins tentante, puisqu'elle fait sortir un bien du patrimoine sans aucune compensation. La femme n'avait donc pas besoin en cette circonstance d'une aussi puissante protection.

Tant que l'exercice des actions de la femme appartenait au mari, c'était lui qui était chargé d'interrompre la prescription; la femme ne pouvait ni surveiller ni intervenir dans ces actes. En déclarant les immeubles imprescriptibles, on avait empêché qu'elle ne fût victime d'une négligence à laquelle elle ne pouvait obvier; mais une fois que par la séparation de biens elle a repris l'administration de sa fortune, on a pensé qu'elle pouvait agir, et qu'il n'y avait plus lieu de suspendre la prescription à son égard.

96. — Les derniers mots de l'art. 1561, *quelle que soit l'époque à laquelle la prescription ait commencé*, semblent signifier que la prescription commencera de courir du jour de la possession, quand même cette possession aurait commencé pendant le mariage, avant la séparation de biens; mais ces mots ont besoin d'être rectifiés. Le législateur a voulu dire que la possession, quoique commencée pendant le mariage, ne deviendrait utile pour la prescription

qu'à partir de la séparation de biens, à moins que la possession ne commençât qu'après la séparation de biens, auquel cas la prescription commencera de courir du jour de la possession elle-même.

97. — L'art. 1561, qui déclare que les immeubles dotaux deviennent prescriptibles après la séparation de biens, est une dérogation au principe exprimé dans la première partie de l'article, *que les immeubles dotaux inaliénables sont imprescriptibles;* doit-on dire qu'il modifie en même temps l'art. 1560, portant qu'aucune prescription ne court pendant le mariage contre l'action qu'a la femme pour faire révoquer les aliénations consenties par le mari ou la femme seule, ou tous deux conjointement? Faut-il dire que ces articles s'appliquent à deux hypothèses distinctes? que, dans le premier cas, la séparation courra de la dissolution du mariage; dans le second, du jour de la séparation de biens? ou les interprétant l'un par l'autre, doit-on dire que la séparation de biens rend à la femme toute sa liberté, et que c'est de la séparation, lorsqu'elle a été prononcée, que court toute prescription?

Examinons les deux systèmes.

98. Dans un premier système on distingue soigneusement l'art. 1560 de l'art. 1561. L'art. 1560, dit-on, suppose une prescription libératoire de l'action en révocation de l'aliénation illégalement consentie; l'art. 1561 suppose, au contraire, une prescription acquisitive, c'est-à-dire une prescription qui, légitimée par la possession, procure à un tiers

l'acquisition d'un fonds. Or, dans l'art. 1561, la loi, par le second paragraphe, apporte cette dérogation expresse que la prescription courra après la séparation de biens; mais dit-elle rien d'analogue en l'art. 1560? C'est pendant toute la durée du mariage, qu'il y ait ou non séparation, que la prescription contre l'action en révocation est suspendue. On ne peut dire que l'hypothèse de la séparation ait échappé au législateur, puisqu'il en parle dans l'un et l'autre article; et quels que soient les antécédents historiques, la clarté de ces deux articles permet d'affirmer que le Code y a dérogé. Le Code, dans un projet primitif, n'admettait aucune prescription après la séparation; c'est aux sollicitations du Tribunat qu'on doit l'exception de l'art. 1561 : il faut donc la restreindre en ses termes, et reconnaître que celui qui a acheté des époux dotaux un bien inaliénable, et veut par le temps effacer le vice de son acquisition, ne peut prescrire que de la dissolution du mariage à la différence du tiers qui, tenant la possession de toute personne, ou l'ayant usurpée, y est soumis, selon les termes dérogatoires de l'art. 1561, dès le jour de la séparation.

99. Dans un second système, le deuxième alinéa de l'art. 1561 se réfère à l'art. 1560, et s'applique à la prescription libératoire aussi bien qu'à la prescription acquisitive.

On ne peut expliquer le Code en dehors de tous précédents. Si une doctrine a été longtemps et universellement reconnue, nous ne pouvons croire que notre législation y ait dérogé sans l'avoir manifesté d'une manière précise. Or lisez les textes romains, où a pris naissance ce système protecteur des droits et de la faiblesse de la femme, Justinien, dans la loi 20, au Code *de Jure dotium*, admet toutes les prescriptions à partir de la séparation de biens. C'est du moment où les femmes peuvent agir qu'il fait courir toutes prescriptions; et la femme peut agir après la séparation, puisqu'elle conquiert la libre administration des biens dotaux, et qu'agir devient pour elle non une faculté, mais un devoir.

Cujas nous dit, en termes exprès, que la femme peut perdre ses actions par prescription du jour de la dissolution du mariage ou du jour de la séparation, lorsqu'elle hérite de l'administration dont le mari n'est plus digne.

De même Brodeau : « *la prescription ne court point contre elle après le mariage, que du jour de la séparation de biens ;* » et encore Dumoulin : *incipit currere annus, etiam vivo marito, a quo emancipata est et statim ad dotem agere potest* (1).

On tenait donc pour constant que l'action en nullité courait du jour de la séparation, qui rendait à la femme l'exercice de ses actions.

Les art. 1560, 1561 émettent-ils une autre doctrine? L'art. 1561 distingue-t-il entre telle ou telle prescription, lorsqu'il déclare que les immeubles dotaux deviennent prescriptibles après la séparation de biens? L'art. 1560 déclare que la femme peut agir à

(1) Nîmes, 13 août 1834. Toulouse, 5 juin 1820.

partir de cette époque ; donc il en faut conclure que de ce moment aussi la prescription courra contre elle, puisqu'elle aura toute liberté pour s'y opposer. L'art. 2255 suffirait à lui seul pour lever tous les doutes ; car c'est à l'art. 1561 qu'il renvoie, et cela pour tous les cas, sans distinction, *à l'égard de l'aliénation d'un fonds constitué sous le régime dotal, conformément à l'art. 1561*.

Si l'art. 1560 ne s'exprime pas d'une manière plus formelle, c'est que l'observation du Tribunat, qui tendait à faire courir la prescription à partir de la séparation de biens, ne se produisit que lors de la discussion de l'art. 1561, où elle fut admise. C'est donc dans l'art. 1561 qu'il faut chercher la règle qui plane sur toutes les aliénations du fonds dotal.

Ainsi, tout vient confirmer dans le Code l'ensemble si frappant d'une doctrine établie depuis des siècles. Il n'y a pas lieu de créer des catégories avec ces deux articles, qui ne sont que l'interprétation, le complément l'un de l'autre (1).

100. — En règle générale, le fond dotal est prescriptible pendant le mariage dès que la séparation de biens est prononcée ; mais ce principe doit être restreint à de justes limites, car il peut être modifié par les principes du droit commun.

« 1° La prescription ne court point contre la « femme pendant le mariage, même après la sépara-

(1) *Contra*. Cass. 1er mai 1847. Cass. 7 juillet 1849 (Dev. 47, 1, 181. — 50, 1, 283).

« tion de biens, toutes les fois que l'action qui lui « appartient réfléchirait contre le mari. »

Dans le droit romain et l'ancien droit français, des auteurs d'un mérite incontesté pensaient que la séparation de biens permettait à la prescription de courir, quoique l'action de la femme dût réfléchir contre le mari. C'est à cette opinion qu'adhéraient Dumoulin, Brodeau, Serres ; un arrêt du parlement de Toulouse, du 9 septembre 1740, se prononçait en ce sens ; mais l'opinion contraire a réuni la presque unanimité des suffrages de la doctrine et de la jurisprudence.

L'art. 2256 est absolu : il veut que la prescription soit suspendue dans tous les cas où l'action de la femme peut réfléchir contre le mari, et la séparation de biens ne change rien à ce principe.

La séparation de biens donne à la femme la libre administration de sa fortune ; mais ce n'est point pour défaut de capacité que la loi a créé cette suspension. C'est à cause des troubles dont pourraient être causes les actions de la femme qui réfléchissent contre le mari, que la loi suspend la prescription. Le jugement de séparation ne détruit point le mariage : la femme n'en est pas moins dominée jusqu'à un certain point par le mari ; et, quand la vie commune subsiste, elle reste soumise à tous les reproches, à tous les maux que peut lui susciter une poursuite dont le mari éprouverait préjudice.

On ne peut dire que celle qui a osé demander une simple séparation de biens soit prête à fouler aux pieds tout respect, toute crainte de la puissance maritale ; car, d'après l'expérience, la séparation naît le plus souvent du consentement réciproque des époux ; et lors même qu'elle est demandée contre le gré du mari, on ne peut prétendre qu'elle le soit contre son intérêt, puisqu'elle peut lui assurer ainsi qu'à ses enfants les secours nécessaires qu'une administration désastreuse allait leur enlever.

On a tenté, pour défendre le système contraire, de s'appuyer sur le mot *pareillement* (1) ; on a prétendu que les mêmes exceptions devaient être apportées aux deux paragraphes de l'art. 2256 ; que, dans l'un comme dans l'autre, la prescription devait être suspendue après la séparation ; mais n'est-ce pas donner une trop grande portée à un mot par lequel le législateur n'a fait que désigner une exception nouvelle dans le même genre ? et ces mots *dans tous les cas* ne font-ils pas prévaloir le sens absolu du 2° de l'article 2256 ?

On ne saurait raisonner par analogie du 1° : nous avons vu que des considérations tout autres voulaient que la prescription courût alors dès le jour de la séparation. Pour prescrire contre un droit résultant d'une option, il fallait que cette option eût eu lieu, et elle a lieu par la séparation qui opère dissolution de la communauté, comme la dissolution du mariage lui-même.

101. Il y aurait plus de raisons de douter pour la séparation de corps. Il n'y a plus alors de vie

(1) Vazeille.

commune entre les époux. La rupture des liens du mariage n'est pas complète ; mais les époux sont désunis, leur désunion est judiciairement constatée, et il serait peu probable qu'ils gardassent encore quelques ménagements dans leur conduite réciproque. Cependant, comme le texte de la loi dit que la prescription est suspendue pendant le mariage, que ses termes peuvent être entendus d'une manière favorable, je me prononcerais encore pour la suspension. La loi désire que les époux s'apaisant dans leur isolement reviennent à des sentiments meilleurs. Elle encourage les concessions réciproques ; doit-elle donc aider à aigrir ceux qu'elle veut rapprocher, en permettant des actions qui peuvent perpétuer leurs causes d'inimitié?

102. Ainsi le délai de dix ans pour la prescription de l'action dotale ne court contre la femme séparée qu'autant que l'action n'est pas de nature à réfléchir contre le mari. S'il y a lieu à recours contre le mari, l'action ne court qu'à dater de la dissolution du mariage (1).

On peut dire que l'action de la femme est de nature à réfléchir contre le mari dans les cas suivants :

1° Lorsque le mari s'est rendu personnellement

(1) Cass., 24 juin 1817. Rej., 11 juillet 1826, 18 mai 1830, 17 nov. 1835.

Attendu que la disposition de l'art. 2256 est générale; que sans distinguer aucunement si la femme est ou non séparée de biens, elle suspend la prescription pendant le mariage dans tous les cas où l'action de la femme réfléchirait contre le mari, et qu'en effet, même séparée de biens, elle a le plus grand intérêt à ne pas exercer des actions qui, réfléchissant contre son mari, troubleraient l'union conjugale ; qu'il résulte des expressions de l'art. 2256 qu'il contient une exception aux art, 1561, 2254....

garant de la vente faite par la femme de l'immeuble dotal ; mais l'autorisation qu'il donnerait à sa femme séparée de biens ne suffirait pas pour le rendre responsable ;

2° Lorsque la vente est faite conjointement par le mari et la femme ; ou encore lorsqu'elle a été faite dans l'intérêt du mari, pour l'acquittement de ses dettes personnelles ;

3° Lorsque les biens dotaux n'étant aliénables que sous condition de remploi, ce remploi n'a pas été effectué.

103. — 2° « La prescription est suspendue même « après la séparation de biens jusqu'à la dissolution « du mariage, lorsque l'immeuble dotal a été vendu « par la femme seule et sans autorisation. »

Les termes de l'art. 1304 sont absolus, ne distinguent point. L'action qu'a la femme pour attaquer les actes faits sans autorisation ne court que de la dissolution du mariage. Peu importait, en effet, qu'elle recouvrât la libre administration de ses biens, ne serait-elle pas toujours impuissante à agir, n'osant avouer au mari les actes faits au mépris de son autorité maritale? On a donc dû rejeter la prescription à une époque où la femme n'aurait plus à redouter le mécontentement de son mari.

104. — Pour trouver des applications du principe général que le fonds dotal est prescriptible après la séparation de biens, il est donc nécessaire d'exclure tous les cas qui touchent aux deux exceptions que nous venons d'étudier. Il faut supposer que le mari a

donné l'immeuble dotal, qu'il l'a vendu sans garantie aux risques et périls de l'acheteur, car la femme peut exercer son action sans entraîner recours contre son mari; ou supposer une aliénation faite par la femme seule, mais avec l'autorisation de son mari; ou l'usurpation du fonds dotal par un tiers, ce qui exclut tout recours et toute impuissance morale d'agir, puisque la femme n'a pas bravé l'autorité maritale.

105. — Nous avons vu que la prescription ne court pas pendant le mariage à l'égard d'un fonds inaliénable. Faut-il aller jusqu'à admettre que, dans le cas d'absence du mari, l'immeuble dotal qu'un tiers aurait commencé de posséder depuis la célébration du mariage, resterait imprescriptible tant que le décès de l'absent ne serait point prouvé?

D'après les termes du Code, on peut dire : l'absence ne dissout pas le mariage, l'absence ne change rien aux conventions matrimoniales. Le mariage subsistant toujours, tant qu'on n'aura pas apporté la preuve de sa dissolution, la prescription ne pourra commencer. Cependant, ce résultat ne semble pas rationnel. En effet, si le fonds dotal, imprescriptible pendant le mariage, devient prescriptible après la séparation de biens (sauf deux exceptions), c'est que l'exercice des actions n'appartient plus au mari, mais à la femme, et que la prescription peut courir sans injustice contre la femme, puisqu'elle ne sera plus victime que de sa négligence. Or la femme dont le mari est absent n'est-elle pas dans la même situation que la femme séparée de biens? Son premier mouvement sera de prendre en mains ses affaires. Décider autrement, ce serait encourager une négligence pour laquelle on sacrifierait les intérêts des tiers.

Si la femme est absente et que le mari soit présent, même solution : les héritiers présomptifs ont pu interrompre la prescription après avoir obtenu l'envoi en possession.

CHAPITRE II.

DE LA SUSPENSION DE LA PRESCRIPTION ENTRE ÉPOUX.

106. — « La prescription ne court point entre « époux. » (Art. 2253.)

A ce sujet, M. Bigot-Préameneu s'exprimait ainsi : « Quant aux époux, il ne peut y avoir de prescrip- « tion entre eux. Il serait contraire à la nature de « la société du mariage que les droits de chacun ne « fussent pas l'un à l'égard de l'autre respectés et « conservés. L'union intime qui fait leur bonheur « est en même temps si nécessaire à la société que « toute occasion de trouble est écartée par la loi. « Il ne peut y avoir de prescription là où il n'y a « pas même d'action pour l'interrompre. »

Comment penser, en effet, que deux époux puissent être mis par la loi dans la nécessité de se comporter l'un à l'égard de l'autre comme s'il n'y avait entre eux que des intérêts pécuniaires. On ne peut dire que la femme soit réellement empêchée d'agir contre son mari, car rien ne pourrait s'opposer à son action si elle voulait l'intenter ; mais la loi n'a pas voulu la mettre dans la nécessité d'agir judiciairement, à cause de la dépendance où elle se trouve (1).

De son côté le mari, quoique réputé avoir toujours la plénitude de son indépendance, pourrait subir de la part de son conjoint certaines influences qui le feraient hésiter à agir et compromettraient sa fortune.

Au surplus, les époux ne peuvent se faire, pendant le mariage, des donations irrévocables (1096). Quelle que soit la forme qu'ils y emploient, la loi veut qu'ils restent maîtres de révoquer une libéralité dont le donataire ne se montrerait plus digne. La loi voit une cause d'entente durable dans une rémunération qui ne devient définitive qu'aux derniers moments du donateur. Or si la prescription était possible pendant le mariage, les dispositions de la loi seraient chaque jour éludées. En laissant accomplir la prescription, l'un des époux assurerait souvent à l'autre des avantages qui ne seraient point révocables. Les conjoints parviendraient aussi, dans le cas où ils ne peuvent se donner au delà d'une certaine quotité, à se créer indirectement des avantages plus considérables que la loi ne le permet et l'art. 1099 serait entièrement éludé.

C'est pendant toute la durée du mariage que la prescription est suspendue ; qu'il y ait ou non séparation de biens, la qualité d'époux ne laisse pas de subsister. Après la séparation de biens, la femme

(1) M. Bugnet, sur Pothier, t. II, 375.

n'acquiert pas le droit d'aliéner sans autorisation de son mari ; elle ne peut lui vendre ses immeubles ni les lui abandonner en payement que par exception et dans les cas prévus par la loi (1595). Concevrait-on qu'elle pût les lui laisser prescrire?

107. Par exception, la prescription court entre époux dans deux cas de prescription abrégée.

1° Art. 1663. « Le délai (pendant lequel on s'est « réservé de reprendre la chose vendue moyennant la « restitution du prix principal, des frais et loyaux « coûts du contrat, les réparations nécessaires....) « court contre toutes personnes, même le mineur. »

2° Art. 1676. « La demande en rescision d'une « vente pour cause de lésion n'est plus recevable « après l'expiration de deux années, à compter du « jour de la vente. »

Supposons qu'un homme a vendu à une femme des immeubles à un prix inférieur aux sept douzièmes de leur valeur réelle ; que cet homme et cette femme se marient : le mari ne pourra prétendre que la prescription a été suspendue à son égard, et les héritiers de la femme pourront le repousser par l'exception de prescription ; car les termes de l'art. 1676 sont formels, et constituent bien une dérogation à l'art. 2256. Il en serait de même pour le cas de vente avec clause de réméré.

108. — Lorsqu'un époux présent, marié sous le régime de la communauté, opte pour la dissolution provisoire de la communauté (124), tous les intéressés exercent leurs droits subordonnés à la condition

du décès de l'absent; mais le mariage n'est point dissous. Selon les termes rigoureux de l'art. 2253, on devrait donc dire que la prescription reste suspendue. Mais si l'on ne reçoit point de nouvelles de l'époux, n'est-ce pas prolonger indéfiniment cette suspension? Il me semble qu'en s'attachant à l'esprit de la loi on pourrait sans injustice faire cesser la prescription. Vis-à-vis de la femme ou du mari, il n'y a plus que des envoyés en possession provisoire; il n'est plus question de bienveillance maritale, d'influence de l'un des époux sur l'autre, la communauté est partagée. Les héritiers présomptifs s'emparent de la succession de l'absent comme s'il était mort; ne serait-il pas plus logique que la prescription cessât provisoirement d'être suspendue, sauf à appliquer l'art. 2253, si l'absent reparaît?

De la Prescription à l'égard de l'héritier bénéficiaire.

109. — « La prescription ne court point contre « l'héritier bénéficiaire à l'égard des créances qu'il a « contre la succession. » (Art. 2258).

L'héritier bénéficiaire a l'avantage de ne point confondre ses biens personnels avec ceux de la succession et de conserver contre elle le droit de réclamer le payement de ses créances. De plus, il n'est tenu (encore ne l'est-il que *propter rem*), du payement des dettes de la succession que jusqu'à concurrence de son émolument.

Quand il est seul héritier, il a mission d'administrer les biens laissés par le défunt, et il doit compte de son administration aux divers créanciers et aux légataires.

En sa qualité d'administrateur, il lui appartient de reconnaître les droits des créanciers du *de cujus*, et par la reconnaissance qu'il en fait de leur assurer une interruption de la prescription.

L'art. 2258 semble reposer sur cette idée, que l'héritier bénéficiaire qui peut reconnaître les droits des tiers, et qui ne se trouve en présence de personne contre qui il puisse agir, de qui il puisse obtenir la reconnaissance de ses propres créances, se les est en quelque sorte reconnues à lui-même. « L'effet du bénéfice d'inventaire est de conserver à « l'héritier ses droits contre la succession : la suc- « cession, dit Pothier, ne peut donc pas prescrire « contre lui, et elle le peut d'autant moins, que « c'est lui qui la détient, qui exerce les actions qui « en dépendent ; et s'il fait les affaires des autres, on « ne peut supposer qu'il veuille négliger les siennes. »

Si l'héritier bénéficiaire s'était trouvé avec d'autres héritiers purs et simples, ou même d'autres héritiers sous bénéfice d'inventaire, l'art. 2258 ne se serait appliqué que pour la part de dettes afférente à sa part héréditaire. Pour le reste, il aurait dû agir contre ses cohéritiers en reconnaissance de ses droits. Ce système, sur lequel le Code civil ne s'était pas expliqué formellement, mais qui se déduisait naturellement des principes généraux, est aujourd'hui hors de doute, grâce à l'art. 996 (Code proc.), qui nous dit que les actions à intenter par l'héritier bénéficiaire contre la succession seront intentées contre les autres héritiers.

Seulement on se demande si l'art. 996, en posant le principe que l'héritier bénéficiaire pourrait intenter ses actions contre un curateur au bénéfice d'inventaire, quand il n'y aurait point d'autres héritiers contre lesquels il pût agir, n'a pas, en ce qui concerne la suspension, abrogé l'art. 2258, et, par suite, soit qu'il y ait d'autres héritiers avec lui, soit qu'il n'y en ait pas, soumis cet héritier à la nécessité de faire reconnaître, même pour sa part héréditaire, sa créance par ce curateur.

Pour soutenir qu'aujourd'hui encore la suspension établie par l'art 2258 existe au profit de l'héritier bénéficiaire, on allègue que l'héritier bénéficiaire n'a pas intérêt à agir; mais dire qu'il n'a pas d'intérêt à agir, c'est affirmer ce qui est en question : il aura intérêt à agir, si précisément, en n'agissant pas, il est exposé à perdre sa créance.

On s'appuie encore sur ce que l'art. 996 n'a pas formellement abrogé l'art. 2258. Mais une abrogation peut être implicite, et, si la suspension de la prescription n'a jamais pu se motiver que par l'impossibilité d'agir où se trouvait l'héritier bénéficiaire, du moment que cette impossibilité n'existe plus, il faudra bien reconnaître que la suspension qu'elle motivait doit tomber.

Eh bien ! quels autres motifs de suspension a-t-on allégués qui soient admissibles?

Le fait que l'héritier bénéficiaire est en possession des biens de l'hérédité? Il les possède assurément; mais la loi n'a pas établi de privilége à son profit. Il les possède pour son compte? Et aussi pour le compte de tous les créanciers héréditaires. (V. ce que nous avons dit sur l'antichrésiste et l'usufruitier universel, nos 24, 25, et nos 27 et 28).

Son acceptation sous bénéfice d'inventaire, dont l'effet est de lui conserver ses créances contre l'hérédité? Cette acceptation bénéficiaire lui conserve assurément les créances qu'il a, mais à condition qu'il ne les laisse pas perdre; conséquemment, selon nous, à la condition de faire de ces actes positifs que le législateur a, dans sa sagesse, jugés nécessaires pour bien constater qu'une créance n'a pas été remise ou acquittée à une époque tellement éloignée, que la preuve en deviendrait difficile.

L'art. 2258 n'a donc plus aujourd'hui aucune raison d'être : l'héritier bénéficiaire a une action pour le payement de sa créance comme tout autre créancier; il est dans la possibilité d'exercer cette action, et rien dans sa position, si ce n'est l'impossibilité où il était autrefois d'agir, n'avait milité en faveur de la suspension qui lui était accordée.

110. Quant à la prescription acquisitive, elle est rejetée même par ceux qui admettent encore l'article 2258 dans ses effets suspensifs. Ils limitent aux créances de l'héritier la suspension de la prescription, et sur ce point, du moins, nous sommes d'accord

avec eux; car si l'héritier bénéficiaire possède comme bien de la succession un bien que le défunt a commencé de posséder contre lui; la circonstance même que le bien a été possédé par le véritable propriétaire *sed non domini animo*, seulement à titre de mandataire de la succession; la circonstance que l'héritier n'a pas manifesté sur cet immeuble des prétentions exclusives de propriété, mais des prétentions de simple copartageant, ne peut qu'être favorable à l'hérédité.

111. Sous l'empire de l'art. 2258, on se demandait si la prescription courait contre l'héritier bénéficiaire à l'égard des créances qu'il avait sur la succession, tant qu'il n'avait pas accepté sous bénéfice d'inventaire.

Il nous semble que dans ce cas encore il y a lieu d'appliquer une théorie analogue à celle que nous avons exposée dans le nº 109.

Les créanciers ordinaires, bien que l'héritier se trouvât dans les délais pour faire inventaire et délibérer, auraient pu évidemment agir contre lui en vertu des principes de la saisine. L'action de ces créanciers eût interrompu les prescriptions en voie de s'accomplir au profit de l'hérédité. L'héritier, s'il était seul héritier, ne se trouvant en présence de personne contre qui il pût agir, la suspension devait exister à son profit. De même qu'il eût dû reconnaître les droits des autres créanciers de la succession agissant contre lui, de même il pouvait être considéré comme ayant reconnu ses propres droits, puisqu'il était dans l'impossibilité de se poursuivre lui-même.

S'il n'était pas seul héritier, il eût dû, pour tout ce qui était en dehors de sa part héréditaire, agir en reconnaissance contre ses cohéritiers. Et remarquons que cette décision ne devait pas se borner au cas où définitivement l'héritier acceptait sous bénéfice d'inventaire; on aurait dû admettre la même décision dans le cas où il aurait répudié la succession, car la reconnaissance qu'on répute qu'il fait de son propre droit sur sa part héréditaire n'est qu'un acte purement conservatoire, et n'entraîne pas de sa part acceptation d'hérédité, pas plus que la reconnaissance qu'il fait du droit des autres.

On dira peut-être que cette décision étendait singulièrement les termes de l'art. 2258, qui ne parlait de suspension qu'au profit de l'héritier bénéficiaire; mais il est facile d'apercevoir que l'art. 2258 oppose l'héritier qui se décide à accepter sous bénéfice d'inventaire à l'héritier qui accepte purement et simplement : au profit de ce dernier, il n'y a pas à suspendre la prescription, puisque, pour ce qui est de sa part héréditaire, ou, en d'autres termes, pour la valeur relativement à laquelle il n'avait pas à agir, il s'opère une confusion qui éteint absolument la créance, et quant au reste, c'est-à-dire quant aux parts de ses cohéritiers, il avait dû agir même quand il acceptait bénéficiairement.

Objectera-t-on que l'héritier qui renonce est censé n'avoir jamais été héritier; mais ce serait attacher à cette fiction plus d'effets qu'elle n'en a; car tout le monde reconnaît que la prescription eût été valablement interrompue à l'égard de l'héritier renonçant. Si les actions en reconnaissance dirigées contre lui par les créanciers de la succession ont pu interrompre la prescription des créances de ceux-ci : si les actions en reconnaissance dirigées par ses cohéritiers, aussi créanciers héréditaires contre lui, ont valablement pu interrompre la prescription, il est impossible de ne pas admettre que, pour la part relativement à laquelle il n'avait pas à agir, la prescription n'a pas dû courir contre lui.

Aujourd'hui, quand il y a acceptation d'hérédité sous bénéfice d'inventaire, l'héritier bénéficiaire doit, ainsi que nous l'avons vu, agir pour la conservation de la part de créance afférente à sa part d'hérédité, contre un curateur au bénéfice d'inventaire ; mais ce curateur, établi par l'art. 996, et qu'évidemment l'héritier bénéficiaire peut faire lui-même nommer, n'est pas la même chose qu'un curateur à la succession vacante. Dirons-nous que l'héritier qui ne prend pas encore qualité devra aujourd'hui, pour interrompre la prescription relative à sa part comme héritier dans la dette, faire nommer un curateur *sui generis* contre lequel il agira? On n'est pas dans le cas d'une succession vacante, et c'est ce qui fait la difficulté. Cependant nous sommes disposés à admettre que dans les délais pour faire inventaire et délibérer, comme après qu'il a accepté bénéficiairement, l'héritier pourrait faire nommer un curateur contre lequel il pratiquerait des actes positifs d'interruption.

112. — Y a-t-il suspension à l'égard de la prescription, soit acquisitive, soit libératoire, que l'héritier bénéficiaire prétendrait faire valoir contre la succession ?

Nous ne le pensons pas. Où la loi ne déclare pas de suspension, notre règle est de n'en pas introduire. L'héritier bénéficiaire qui n'aurait pas reconnu dans l'inventaire l'existence du droit que l'hérédité a contre lui eût fort bien prescrit, et ses créanciers personnels pourraient, aux termes de l'art. 2225, invoquer la prescription qu'il a laissée accomplir, comme administrateur de l'hérédité. A la vérité, la position des créanciers héréditaires se trouvera empirée, car il peut se faire que la créance aujourd'hui prescrite ait été garantie par des cautions, hypothèques, etc. ; et, s'il s'agit d'une prescription acquisitive, une valeur qui serait restée dans la succession, en sera sortie pour entrer dans le patrimoine de l'héritier ; dans tous les cas les créanciers de l'hérédité pourront subir le concours des créanciers personnels de l'héritier ; mais, c'est ce qui arrive fréquemment à ceux dont les droits ont été momentanément entre les mains d'un administrateur.

113. — La prescription court contre la succession vacante, quoique non pourvue d'un curateur.

Dans l'ancien droit, on avait mis en question si la prescription pouvait courir contre une succession vacante avant qu'elle fût pourvue d'un curateur. Pothier regardait l'affirmative comme indubitable, car, disait-il, les créanciers de cette succession qui ont intérêt à la conservation de ses droits, sont à portée de faire nommer un curateur, et leur négligence ne peut pas nuire à l'hérédité leur débitrice, ni aux détenteurs de biens héréditaires.

Du reste on n'avait jamais douté que la prescription pût courir contre une succession vacante, pourvue d'un curateur.

La prescription court-elle également au profit de la succession en toutes circonstances? La succession peut-elle achever, en tant que succession vacante, une prescription commencée par le défunt? Nous le pensons.

On objecte que la succession est pourvue d'un curateur dans l'intérêt des créanciers, et que devant administrer dans leur intérêt, il ne doit point accomplir de prescriptions contre eux.

Mais le curateur est nommé à la requête des créanciers, parce que les héritiers n'étant pas connus, ou ne se présentant pas, il est besoin de quelqu'un qui tienne la succession en leur place, et contre lequel on puisse faire un grand nombre des actes qu'on eût pu faire contre l'héritier (art. 813).

114. — Si une succession régulièrement répudiée au nom d'un mineur vient à être reprise par lui, les tiers débiteurs de la succession, ou détenteurs de biens héréditaires pendant le temps qui s'est écoulé entre la répudiation et la reprise de la succession, ont-ils pu prescrire, ou la prescription est-elle suspendue?

115. On dit pour l'affirmative : 1° la prescription ne court point contre les mineurs. Or l'effet du retour du mineur sur sa répudiation, ou en d'autres

termes son acceptation après un refus remonte au jour de l'ouverture de la succession, en vertu de l'art. 777. Donc le mineur est censé avoir toujours été héritier; donc la prescription doit avoir été suspendue à son égard.

2° Les articles 462 et 790 sont placés l'un au titre de la tutelle, l'autre au titre des successions. Le premier parle incontestablement de la reprise de la succession par un mineur; le second s'exprime en termes généraux qui permettent de supposer qu'il s'agit d'un majeur : *de eo quod plerumque fit*. Or il y a dissemblance dans la rédaction : n'est-ce pas un indice de la portée différente de ces deux articles ?

Art. 462. «.... La succession sera reprise, soit « par le tuteur autorisé à cet effet, soit par le mi« neur devenu majeur, dans l'état où elle se trou« vera, et sans pouvoir attaquer les ventes et autres « actes qui auraient été légalement faits durant la « vacance. »

Art. 790. « Tant que la *prescription* du droit « d'accepter n'est pas acquise...... contre les héri« tiers qui ont renoncé, ils ont la faculté d'accepter « encore la succession, si elle n'a pas été acceptée « déjà par d'autres héritiers; sans préjudice néan« moins des droits qui peuvent être acquis à des « tiers, soit par *prescription*, soit par actes vala« blement faits avec le curateur à la succession « vacante. »

D'une part, il est question de la prescription du

droit d'accepter, des droits acquis à des tiers par prescription; de l'autre, pas un mot de la prescription.

Donc la prescription ne court point contre le mineur, soit pour le droit d'accepter, soit pour les droits acquis par prescription : est-il rien de plus conforme au principe?

S'il est dit que le mineur, soit par son tuteur dûment autorisé, soit par lui-même s'il est majeur, ne pourra reprendre la succession que *dans l'état où elle se trouvera* lors de ladite reprise, c'est qu'il était nécessaire de trancher les doutes qui auraient pu s'élever sur les actes faits avec le curateur. L'art. 777 déclarant que l'acceptation remonte au jour de l'ouverture de la succession, n'aurait-il pas été possible de croire qu'il n'y avait point eu vacance de la succession; que par suite de cette fiction rétroactive aucun acte, même une vente, n'aurait pu être valable?

3° Indépendamment du texte des art. 462 et 790, nous pouvons signaler l'extrême différence qu'il y aura entre des actes valablement faits avec le curateur pendant la vacance, maintenus contre le mineur quand il revient sur sa répudiation, et une prescription que l'on prétendrait consommer à son préjudice. Un acte valable du curateur aura toujours fait rentrer dans l'hérédité la représentation de ce qui en sera sorti, ou aura servi à l'acquittement des créances existantes : une prescription, au contraire, constitue toujours une perte latente et sans compensation.

108. On objecte qu'aux termes de l'art. 785, l'hé-

ritier qui renonce est censé n'avoir jamais été héritier; qu'il y a eu vacance de la succession par suite de la renonciation du mineur; qu'un curateur a été nommé à cette succession ayant qualité pour tous actes; que les tiers ont dû traiter avec lui en toute sécurité; que la prescription court contre une succession vacante; qu'elle doit avoir son plein effet comme tous autres actes régulièrement faits avec le curateur; que le mineur ne peut, par sa reprise, enlever des droits acquis; que les termes de l'art. 462, *reprendre dans l'état où elle se trouve*, sont formels; enfin, que les biens de la succession vacante n'ont pas droit à protection, puisqu'ils n'étaient plus sous la tutelle (1).

Mais je crois qu'il y a là une confusion de principes. Je ne conteste pas qu'il y a eu vacance de la succession, malgré l'effet rétroactif de la reprise; nous avons déjà dit que les mots *reprendre en l'état où elle se trouve* avaient pour but de lever ce doute; je ne conteste pas que la prescription coure contre une succession vacante même non pourvue d'un tuteur; mais cela, en thèse générale, lorsqu'il s'agit d'un majeur. Que si la reprise est le fait d'un mineur, on ne peut empêcher l'intervention de l'art. 2252. La vacance ne suspend pas la prescription, mais elle ne peut empêcher la suspension pour une autre cause, pour minorité ou pour interdiction (2).

(1) M. Duranton, 6,508. Demolombo, 7,710.

(2) On cite à tort contre cette opinion deux arrêts de Montpellier et de Limoges; l'un ne parle que de ventes faites avec le curateur, l'autre d'une simple application de l'art. 2259, sans intervention de mineur.

116. — Les trois mois pour faire inventaire et les quarante jours pour délibérer ne suspendent pas la prescription.

Aux termes de l'art. 174 du Code de procédure, l'héritier jouit d'un certain délai pendant lequel il n'a pas à prendre qualité; et, en effet, un délai est nécessaire pour que l'héritier puisse prendre connaissance des biens et droits laissés par son auteur; mais, dans ce délai, l'héritier n'en peut pas moins reconnaître les créances et les droits des personnes contre lesquelles l'hérédité pourrait prescrire. Ces personnes ont donc tort de ne pas agir contre lui en reconnaissance; et s'il ne se présente pas, ou n'est pas connu, de ne pas faire nommer un curateur qu'ils puissent poursuivre. Il n'y a plus aucune différence entre la prescription contre les créanciers ou celle contre la succession vacante. Dans les deux hypothèses, la défense est possible; il n'y a pas lieu d'appliquer la règle *contra non valentem*. L'ordonnance de 1667 a dérogé à la loi 22 du Code *de Jure deliberandi*, qui défendait d'intenter action contre l'héritier délibérant.

CHAPITRE III.

117. — Il y a des suspensions qui reposent sur la modalité de la créance.

Art. 2257. « La prescription ne court point à l'é-
« gard d'une créance qui dépend d'une condition,
« jusqu'à ce que la condition arrive;

« A l'égard d'une action en garantie, jusqu'à ce « que l'éviction ait lieu;

« A l'égard d'une créance à jour fixe jusqu'à ce « que ce jour soit arrivé. »

L'article semble dire que trois circonstances motivent la suspension; mais elles doivent être réduites à deux, la condition et le terme; car qu'est-ce qu'une action en garantie, si ce n'est une action conditionnelle, qui ne peut être exercée qu'au cas où l'éviction aurait lieu?

118. Le créancier qui n'a que des droits conditionnels, est forcé, pour agir, d'attendre que la condition se soit réalisée : il est condamné à l'inaction; comment pourrait-on lui reprocher cette inaction forcée et l'interpréter par l'abandon de son droit?

Cette règle nous vient des Romains :

Illud autem plus quam manifestum est, quod in omnibus contractibus in quibus sub aliqua conditione vel sub die certa vel incerta, stipulationes vel pacta ponuntur, post conditionis exitum vel post institutæ diei certæ vel incertæ lapsum, præscriptiones initium accipiunt. (7. l. Code *de Præscrip.*)

D'autres lois établissent encore qu'on ne peut prescrire contre quelqu'un tant qu'il n'a pu agir : *Apertissima definitione sancimus nullam temporalem actionem opponi, nisi ex quo actionem movere potuerant. Qui enim incusare eos potuerit, si hoc non fecerint, quod minime adimplere valebant?* (Extrait de la loi 1, § 2 Cod. *de Annali exceptione*).

La prescription ne court contre une créance modalisée par une condition, que lorsque la condition se réalise. Par exemple, les droits et gains nuptiaux ne se prescrivent que du jour où le prédécès de l'un des conjoints aura donné ouverture au droit du survivant. La prescription ne courra contre l'action en reprise du donateur que du jour où l'inexécution des conditions, l'ingratitude, lui permettront de reprendre la chose donnée. Ces exemples ont trait à la condition suspensive, à cette condition qui porte sur l'existence du droit ; mais, si la créance est sous condition résolutoire, il est clair que la prescription l'atteindra. En effet, le créancier sous condition résolutoire peut immédiatement agir et conserver son droit, sauf, si la condition se réalise, à n'avoir jamais eu de droit.

119. Il faut que la condition de mon action soit accomplie pour que j'aie le devoir de l'exercer. D'après ce principe, si j'ai une servitude sur le fonds de mon voisin en vertu de laquelle je puisse, par exemple, l'empêcher de construire, la prescription ne courra contre moi que du jour où il aura été fait un acte contraire à la servitude. Pour que je réclame, il faut que mon droit ait été violé; mon silence ne prouverait rien contre moi jusqu'à l'usurpation tentée par mon voisin. Je ne pouvais me plaindre tant que j'avais jouissance paisible de mon droit.

120. Un arrêt du parlement de Paris, du 16 juillet 1664, a décidé que la prescription pouvait être invoquée lorsque trente ans s'étaient écoulés depuis

le jour du contrat de vente d'un immeuble, bien que le vendeur eût stipulé que dans le cas de revente lui ou les siens auraient préférence pour le racheter moyennant somme convenue. Cet arrêt, rapporté par Henry et Bretonnier, fut, selon leur opinion, motivé par des circonstances exceptionnelles. Il est, en effet, contraire aux principes. Pour se faire adjuger, par préférence, l'immeuble en cas de revente, ne fallait-il pas au moins que l'immeuble fût revendu? Pouvait-on proposer de reprendre l'immeuble avant que la condition fût réalisée?

121. Lorsqu'une servitude de marronnage a été constituée (cette servitude consiste à prendre du bois dans une forêt pour les réparations des bâtiments au fur et à mesure des besoins de l'usager), la prescription court-elle du jour de la dernière délivrance, ou seulement du moment où le be-besoin de réparations existant, l'usager a négligé d'exercer ses droits?

Quelques auteurs et un arrêt de la Cour de Caen (1) soutiennent cette dernière opinion. Pour eux, le droit de marronnage est un droit conditionnel, soumis à cette condition, *prendre du bois s'il y a besoin*. Le besoin de prendre du bois est la condition nécessaire pour l'existence du droit; ils en concluent que, tant que ce besoin n'est pas né, la prescription ne peut courir contre l'usager non recevable en sa demande en délivrance. Ils s'appuient des termes de l'article 2257. Pour qu'il y ait prescription, ils exigent

(1) 8 fév. 1843, M. Troplong, 789. Vazeille.

donc que trente ans se soient écoulés depuis que l'usager a eu des besoins, soit qu'il n'ait point usé des bois du fonds servant, soit qu'il ait usé d'autres bois.

Mais je ne puis croire que cette opinion soit légale, même en admettant que le marronnage ne soit pas un droit réel. L'art. 2257 dit à la vérité que la prescription ne court point contre un droit conditionnel jusqu'à l'arrivée de la condition, mais le marronnage est-il bien une créance conditionnelle? L'obligation est conditionnelle (1168) lorsqu'on la fait dépendre d'un événement futur et incertain. Or si l'obligation de fournir des bois est future, on ne peut dire qu'elle soit incertaine. Il est de la nature des bâtiments de ne pouvoir rester longtemps sans être réparés. On ne peut dire davantage que ce soit du besoin de réparation que dépende l'existence du droit de marronnage. Il existe indépendamment de tout besoin. Ce qu'il y a d'incertain, c'est la quantité due, et non la dette elle-même. Ces mots, s'il y a besoin, touchent au mode du droit, mais non à sa modalité. Il n'y a donc pas lieu d'appliquer l'art. 2257. On ne trouve point dans le marronnage les caractères d'une obligation conditionnelle.

On ne peut dire que l'usager soit dans l'impossibilité d'agir, car il aura toujours le droit de demander un titre recognitif (2263), et d'agir en justice à fin d'interruption; et l'on ne peut dire que ce soit lui imposer une obligation exorbitante, car il est impossible en fait qu'une maison reste trente ans sans avoir besoin de réparations. Ce serait presque rendre le marronnage imprescriptible.

Du reste, pour nous, le marronnage est un droit d'usage, conséquemment un droit réel, et nous verrons plus loin que l'art. 2257 n'est applicable qu'aux droits personnels (1).

122. « La prescription ne court pas à l'égard « d'une action en garantie, jusqu'à ce que l'éviction « ait eu lieu : c'est une conséquence du principe « posé dans le paragraphe premier. »

L'action en garantie est celle par laquelle l'acheteur auquel il n'a pas été procuré une possession paisible et utile réclame une indemnité de son vendeur.

La loi romaine la déclarait imprescriptible : *Empti actio longi temporis præscriptione non submovetur, licet post multa spatia rem evictam emptori fuerit comprobatum* (C. 21, *de Evictionibus*), mais avec les exceptions consacrées par le Code civil ; tant que l'acheteur jouit paisiblement, il n'a pas à agir en garantie ; son silence n'implique pas renonciation à un droit, puisque la condition de l'exercice de ce droit n'est pas réalisée.

Il y a mieux, tant qu'un jugement de condamnation n'est pas intervenu contre lui, la prescription de l'action en garantie ne commence pas à courir, car le résultat de la revendication est incertain. Il

(1) Cass., 2 mars 1836. Rej. 11 juillet 1838. Cass., 6 fév. 1839. (Dev., 36, 1, 242. — 38, 1, 621. — 39, 1, 208.)

faut que l'éviction soit consommée pour que la prescription de l'action en garantie commence.

123. La prescription de l'action en garantie d'un acquéreur évincé d'abord par voie de fait, puis par décision judiciaire, court non pas seulement à partir du jugement qui prononce l'éviction, mais à partir du trouble de fait joint au trouble de droit résultant de la demande en justice; car c'est à partir de cette époque que l'acheteur avait intérêt et droit d'actionner le vendeur en réparation du dommage causé. La dépossession et la demande contradictoire simultanées justifient l'action en garantie, avant même que l'éviction soit prononcée. Or Pothier entendait déjà la règle de l'art. 2257, en ce sens que la prescription courait contre l'évincé du moment où il avait intérêt d'agir.

124. « La prescription ne court point à l'égard « d'une créance à terme, jusqu'à ce que le terme « soit échu » (2267, 3°).

Le dernier jour du terme appartient en entier au débiteur; ce n'est qu'à partir du commencement du jour suivant que court la prescription.

Si la dette est payable en plusieurs termes, la prescription court pour chaque portion de créance à partir de son échéance propre. Si un père a promis à sa fille une dot payable en trois termes égaux, d'année en année, ce n'est pas du jour du contrat de mariage que courra la prescription, mais de l'échéance de chacune des dettes; car c'est de ce moment que le gendre aura action pour le payement de la dot promise. On ne peut dire non plus que le commencement de la prescription soit à la date de l'échéance du dernier terme, car c'est comme s'il y avait autant de dettes distinctes. Il y aura autant de points de départ que de termes, puisque c'est à partir de ces époques qu'il y aura possibilité et intérêt d'agir. (Le parlement de Toulouse en avait décidé ainsi le 21 fév. 1671; mais son erreur a été relevée par Merlin.)

125. Ainsi la condition et le terme suspendent la prescription. Ce n'est pas parce qu'avant l'arrivée de la condition ou du terme il y a impossibilité d'agir, car l'art. 1180 permet aux créanciers conditionnels de prendre toutes mesures conservatoires. Ils peuvent demander un acte recognitif, assigner en reconnaissance. S'il y a donc suspension de la prescription *pendente die*, c'est parce que les présomptions, les éléments sur lesquels est fondée la prescription, font défaut. Dans l'intérêt général, on suppose que celui qui n'a point agi pendant trente ans a été payé, ou a fait l'abandon de son droit, ou montre une négligence répréhensible susceptible de nuire à l'ordre public.

Or il est improbable qu'un débiteur sous condition suspensive ait acquitté une obligation qui pouvait ne pas se confirmer; les payements avant terme sont aussi fort peu fréquents et naturels; l'abandon d'un droit qu'on ne peut pas encore exercer, ne peut se présumer d'après une inaction qui est forcée; enfin on ne peut reprocher aucune négligence à celui qui ne poursuit pas son payement, parce qu'il n'avait pas le droit de le réclamer.

126. — L'art. 2257 s'applique incontestablement et rationnellement aux créances; s'appliquerait-il également aux droits réels?

Un créancier sous condition a une hypothèque, c'est-à-dire, un droit réel pour la garantie de sa créance sur un immeuble de son débiteur; sa créance n'est soumise, ainsi que nous venons de le voir, à la prescription que du jour où la condition de son droit se réalisera. La prescription de l'hypothèque qui garantit sa créance ne courra-t-elle que de la même date, et cela, soit que l'immeuble affecté de l'hypothèque se trouve entre les mains du débiteur, soit qu'il ait passé entre les mains du tiers détenteur?

Dans le droit romain, la prescription d'un droit conditionnel était suspendue à l'égard des tiers. Justinien, dans la loi 3, § 3, Comm. *de Legatis*, déclare, à l'égard du legs et du fidéicommis, que: « *Sin autem sub conditione vel sub incerta die relictum legatum vel fideicommissum, melius quidem faciet hæres, si in his casibus caveat ab omni venditione vel hypotheca, ne se gravioribus oneribus evictionis nomine supponat. Sin autem avaritiæ cupidine propter spem conditionis minime implendæ ad venditionem vel hypothecam prosiluerit, sciat, quod, conditione impleta, ab initio causa in irritum devocetur; et sic intelligenda et quasi nec scripta nec penitus fuerit celebrata; ut nec usucapio nec longi temporis præscriptio contrà legatarium vel fideicommissarium procedat.*

Justinien, dans la Novelle 4, avait voulu qu'on ne pût s'adresser au tiers détenteur d'immeubles hypothéqués qu'après avoir préalablement discuté les biens du débiteur principal et de ses garants. Ce système présentait un très-grand inconvénient : le tiers détenteur de bonne foi, et possédant à un juste titre, prescrivait par dix et vingt ans ; le débiteur, au contraire, ne prescrivait sa dette que par trente ans ; or il pouvait arriver que le créancier fût repoussé par la prescription que lui opposait le détenteur de l'immeuble, lors précisément que l'insolvabilité du débiteur rendait nécessaire l'exercice de l'action hypothécaire.

Les commentateurs avaient cru obvier à cet inconvénient en soutenant que le tiers détenteur n'étant tenu que sous la condition de l'insolvabilité du débiteur, ne pouvait prescrire qu'à dater de la réalisation de cette condition ; mais c'était rendre presque impossible la prescription de l'hypothèque.

Aussi d'autres interprètes voulaient-ils que le tiers détenteur commençât à prescrire du jour de l'événement qui le rendait propriétaire, ou du jour de la prise de possession. Ils tombaient dans un autre mal, en privant le créancier de son action hypothécaire, avant qu'il eût ressenti le besoin de s'en servir.

Frappés de ces difficultés, nos anciens légistes imaginèrent l'action en déclaration d'hypothèque.

Elle permettait, lors même que la dette n'était pas exigible, de faire reconnaître contre le tiers détenteur que l'immeuble, par lui possédé, était affecté à la dette. Le créancier n'était donc plus entravé par l'existence du terme ou de la condition qui modalisait son droit; il pouvait agir, il n'avait plus à son profit de suspension de la prescription.

Celui qui possède, possède contre tous, qu'ils aient ou non des droits conditionnels. Sa prétention est d'acquérir la pleine propriété de la chose; ceux qui veulent agir, le peuvent-ils? voilà ce qu'il y avait à voir.

Aussi Loyseau (section II, nos 13 et 16) disait-il : « Nous avons étendu la prescription à toutes dettes « hypothécaires qui ne sont pas exigibles, et, en « France, tout inconvénient cesse à cause de cette « action en déclaration d'hypothèque, dont ceux qui « ont hypothèque se peuvent aider à temps; ils sont « inexcusables s'ils laissent prescrire l'hypothè« que. »

127. M. Vazeille se fondant sur ce que l'action en déclaration d'hypothèque n'a point passé dans notre droit, prétend que la prescription de l'hypothèque ne doit point courir, tant que ne court pas celle de la créance elle-même, et que conséquemment la prescription du droit réel, qui pèse sur l'immeuble, ne devrait pas plus avoir lieu au profit du tiers détenteur que celle de l'action personnelle qui existe contre le débiteur ne se produit au profit de celui-ci. « Qu'importe, dit-il, que l'événement d'où

résulte la créance conditionnelle ne soit pas intervenu dans les rapports du créancier et de l'acquéreur des fonds hypothéqués, s'il est intervenu dans les rapports de ce créancier avec le vendeur auquel l'acheteur succède à titre particulier.» Mais cette réflexion ne saurait prévaloir contre les termes formels de l'article 2257 qui ne s'occupe que de créances.

128. L'hypothèque établie pour la garantie d'une créance conditionnelle, est du reste, prescriptible dès à présent, même quand l'immeuble est entre les mains du débiteur. Rien dans les textes n'autorise, en effet, une distinction entre le cas où il reste la propriété de celui-ci, et le cas où il a été vendu. Dans tous les cas, l'extinction de l'hypothèque intéresse les tiers; il est donc naturel d'exiger que le créancier qui prétendrait avoir à exercer un droit de préférence, ait, par des actes positifs, manifesté la persistance de son droit; d'autant plus qu'on comprendrait parfaitement qu'il eût abdiqué ce droit, sans pour cela devoir être supposé renoncer à la créance, dont l'hypothèque n'est qu'un accessoire (1).

129. — On doit étendre la règle que la prescription court contre l'hypothèque conditionnelle à tous les droits réels affectant un immeuble.

En effet, si j'ai légué à Paul, sur un fonds de mon hérédité, un droit de servitude, *non altius tollendi*, par exemple, sous la condition suspensive que tel événement arrivera (Paul a dans cette hypothèse, en

(1) M. Demante.

vertu de l'art. 711, un droit réel conditionnel), le légataire devra faire positivement des actes interruptifs, même avant que la condition de son droit soit réalisée, si mon héritier exhausse les constructions. Si, au contraire, il n'agit dans les délais légaux qu'à partir du moment où la condition suspensive de son droit de servitude se sera accomplie, après trente ans, il aura perdu son droit réel; il ne lui restera plus qu'une action personnelle contre l'héritier.

130.—Il est bien essentiel de ne pas faire de notre art. 2257 des applications qui découlent d'autres règles. Il ne faudrait pas confondre les droits éventuels avec les droits conditionnels.

Les droits conditionnels sont les droits dépendant d'un événement futur et incertain; les droits éventuels ne sont que de simples espérances.

Le droit, même sous condition suspensive, existe; il compte dans notre patrimoine; il existe si bien que quand la condition vient à se réaliser, elle a un effet rétroactif jusqu'au jour du contrat, comme si elle s'était produite simultanément avec lui. Ainsi je vous vends ma maison sous condition, la condition se réalisant, c'est ma maison telle qu'elle était lors de la vente que je suis tenu de vous livrer.

Au contraire, le droit éventuel ne compte pas dès à présent dans notre patrimoine, même quand il n'est subordonné à aucun événement futur et incertain. Ainsi, je vous lègue une maison; c'est là un droit éventuel qui n'a pas actuellement d'effet, et qui ne permettra d'exiger, si le droit s'est confirmé, que la maison telle qu'elle se comportera au jour de mon décès.

Si les droits réels conditionnels sont prescriptibles, c'est que la personne qui en était investie a pu agir en reconnaissance de son droit. Si le légataire dont nous avons parlé (n. 122) a pu perdre son droit par prescription, c'est que son droit conditionnel existait déjà, tandis que les espérances de droit n'ouvrent aucune action. A raison d'une éventualité, il ne peut être question de prescription, car, pour se libérer d'une obligation ou d'un droit, il faut que ce droit ou cette obligation existe.

Parmi les droits éventuels, on peut citer le droit de faire réduire une donation excédant la quotité disponible, droit qu'on ne peut apprécier qu'au décès du donateur, et qui, jusqu'à cette époque, est éventuel. Ce n'est qu'à dater de cette époque que les héritiers présomptifs pourront critiquer les aliénations faites par leur auteur ; jusque-là (et pour bien des raisons), il est incertain qu'ils aient même droit de faire réduire la donation.

134.—En matière civile, la prescription repose sur la présomption de l'abandon ou de l'exécution du droit, et sur un intérêt d'ordre public qui, pour assurer la propriété, fait supporter à chacun la peine de son indifférence et de son inaction. En matière criminelle, la prescription n'est plus basée sur les mêmes principes, aussi nous a-t-il semblé nécessaire d'en faire l'objet de quelques observations particulières.

Plusieurs raisons ont été données pour justifier cet effet du temps en matière pénale. Je crois qu'aucune d'elles ne peut suffire seule à l'expliquer; et leur combinaison est nécessaire pour donner satisfaction à l'esprit. La première, la plus faible peut-être, c'est qu'il faut prendre en considération les remords, les angoisses du coupable dans le cours des années pendant lesquelles il cherche à échapper à la loi ; il est certain qu'on ne pourrait justifier ainsi la prescription d'une contravention, où la conscience est le plus souvent bien légèrement engagée; mais en maintes circonstances, cette incertitude sur une position, que le moindre hasard peut rendre si dure, doit être cependant regardée comme un élément d'expiation dont la société a déjà lieu d'être satisfaite. Une seconde, plus rationnelle, consiste à dire que le temps a pu détruire les preuves du crime, comme les moyens de défense et de justification; qu'il deviendrait difficile de prononcer avec justice sur des éléments incomplets, dénaturés par le temps. Enfin, il est un dernier motif, qui tient à la base du droit de punir, l'inutilité d'un exemple. Le temps a changé les circonstances, il a fait oublier le crime. A quoi bon cette réparation tardive? N'y aurait-il point quelque cruauté à laisser planer le glaive sur la tête du coupable, alors que le temps apporte en toutes choses oubli et changements?

Une sorte d'expiation, l'impossibilité de rassembler les documents dans toute leur sincérité, l'absence du besoin d'un exemple, tels sont les faits qui concourent à justifier la prescription en matière criminelle.

132. Les délais de la prescription courent en faveur des coupables, lors même que l'infraction est restée cachée : l'ignorance des représentants de la société ne constitue pas une cause de suspension. Bien que le ministère public, ou tout autre agent chargé de la poursuite, ne puisse agir, il n'y a point lieu à l'application de la règle *contra non valentem ;* car il n'y a eu alors qu'un pur obstacle de fait. » Ces règles, dit Dunod, comprennent les crimes qui sont demeurés cachés, comme ceux dont la poursuite a été faite. » « Le coupable de crimes cachés, dit Merlin, est, comme celui de crimes connus, exposé aux agitations et aux craintes, que la loi regarde, après vingt ans, comme une expiation suffisante. Il y a, d'ailleurs, le même danger pour l'altération ou la perte totale de preuves qui peuvent établir l'innocence de l'accusé. Ainsi on ne doit point distinguer. » Ajoutons que pour le crime caché il est moins besoin d'exemple que pour tout autre ; que l'impunité ne peut servir d'encouragement, puisque le crime n'a pas été divulgué. Les termes de l'art. 640 sont généraux et ne distinguent pas. Au surplus, si l'inaction du ministère public a si longtemps persisté, c'est qu'il y a eu impossibilité de recueillir des indices suffisants ; et les facilités, les détails précis n'augmenteront pas avec le temps.

133. Les prescriptions du Code d'Instruction criminelle ne sont pas suspendues par la minorité ; car la minorité du délinquant n'est point un obstacle aux poursuites.

134. De même la minorité de la partie lésée ne serait pas une cause de suspension de l'action privée.

Nous avons déjà vu en droit romain que la restitution n'était point accordée au mineur contre la prescription des actions établies pour la poursuite des peines : *dum persequitur injuriam, pœnam accusationem, vel quippiam simile odiosum* (n. 41). La jurisprudence ancienne n'avait pas dévié de ces règles ; et le législateur de 1810 a suivi les mêmes principes. L'esprit de la loi n'est-il pas de mettre un terme à toutes les recherches qui rappelleraient des crimes ou des délits contre lesquels on ne veut plus sévir. Les motifs d'ordre public qui ont inspiré le législateur existent contre les mineurs et toutes autres personnes.

135. On ne pourrait davantage alléguer une suspension à raison de la guerre, des troubles de l'État. Bien qu'il intervienne au retour de la paix un édit qui compte pour rien, en fait de prescription, tout le temps qu'ont duré les hostilités, ces dispositions ne comprendraient pas les actions criminelles. Deux arrêts du Parlement de Paris, de 1600 et 1610, l'ont ainsi décidé. Peu importe, encore une fois, que le crime n'ait pu être poursuivi par suite de l'interruption de la justice, toutes les causes sur lesquelles est

basée la prescription ne laissent pas d'exister et de produire leurs effets.

136. Lorsque l'accusé tombe, pendant la procédure, en état de démence, le ministère public est obligé de suspendre contre lui toutes poursuites. On conçoit très-bien qu'on recule de poursuivre celui qui est dans l'impossibilité de se défendre. Mais la prescription de l'action publique doit-elle, à cause de cela, être suspendue? On pourrait dire que la prescription ne court pas contre ceux qui ne peuvent agir, et qu'ici le ministère public a été condamné à l'inaction. Mais Merlin a soutenu avec succès, le 22 avril 1813, devant la Cour de cassation, que la démence n'était point une cause de suspension. Il en donnait deux raisons : la première, c'est que l'action privée pouvait s'exercer contre l'individu en démence à qui l'on ferait nommer un représentant; qu'elle s'éteignait dès lors par dix ans, et que la loi ayant assigné aux deux actions publique et privée un délai commun, l'action publique devait nécessairement cesser avec l'action privée. Il ajoutait qu'à la règle *contra non valentem* on pouvait opposer cette autre règle plus générale de l'art. 2251, par laquelle la prescription court contre toutes personnes, à moins qu'elles ne soient dans quelque exception établie par la loi. Or ici, d'exception il n'y a point apparence; et il citait, comme preuve de l'abrogation de la règle *contra non valentem*, la non restitution du mineur même lésé, et la non suspension dans le cas de guerre, de peste.

La plupart des motifs qui ont dicté l'art. 637 subsistent : altération des preuves, absence d'intérêt social avec l'oubli et l'éloignement du méfait, expiation quelquefois. L'impuissance où l'on se trouve de poursuivre n'enlève rien de leur force à ces considérations.

137. Le jugement d'une question préjudicielle ne serait-il pas une cause de suspension de la prescription?

On entend, selon Merlin, par question préjudicielle, toute question qui dans un procès doit être jugée avant une autre, parce que celle-ci serait sans objet si la personne qui l'élève succombait sur celle-là. C'est cette question qui retarde le jugement d'une infraction jusqu'à la vérification d'un fait, lequel peut mettre l'accusation à néant.

Il est bien certain qu'il n'y a pas de motif pour que le prévenu prescrive pendant l'incident qui s'est élevé; on n'a pas à craindre l'altération des documents déjà rassemblés; l'ajournement de l'action pénale n'est qu'une suite de la procédure. Tant qu'il n'a pas été statué définitivement sur la question préjudicielle, tant que le délai, s'il en a été fixé un, n'est pas expiré, quelle que soit la juridiction devant laquelle l'affaire ait été renvoyée, les juges ne peuvent encore se prononcer sur la peine. Si un sursis a été provoqué par le prévénu, pour arriver à des renseignements qu'il prétend fournir, l'action publique ne doit pas péricliter à cette occasion.

Mais y a-t-il en ce cas une suspension de la prescription? Nous ne le pensons pas. L'action publique n'est pas exposée à être prescrite, parce que l'action préjudicielle n'est qu'un incident de l'action principale qui doit demeurer en état, jusqu'à ce que dégagée du lien qui la retient, elle reprenne sa liberté. On ne peut pas contester que l'action préjudicielle, soulevée dans l'action principale, ne soit un acte de la procédure générale, et que conséquemment, par l'incident, la procédure ne soit continuée.

138. Y aurait-il davantage une suspension dans la demande en autorisation de poursuivre les agents du gouvernement?

Il est certain que le ministère public ne peut faire aucun acte de poursuite avant que l'autorisation lui ait été transmise. Il ne peut que provoquer cette mesure, et aucune loi ne détermine un délai pendant lequel le Conseil d'état ait à se prononcer. Mais la demande en autorisation précédée des actes d'information, dont connaissance a été donnée à l'inculpé, n'est-elle pas elle-même un acte de poursuite? Loin que les preuves puissent se perdre, s'altérer, cette demande ne tend-elle pas plutôt à les constater d'une manière certaine? La demande est à la vérité extra-judiciaire en ce qu'elle ne saisit pas directement les tribunaux; mais l'acte, qui provoque la poursuite dès que la partie est en demeure de se défendre se confond avec la poursuite elle-même. Selon nous donc, la prescription ne doit pas courir contre le ministère public, non pas qu'il y ait suspension mais parce qu'il y a continuation de poursuites. Au surplus, ce n'est qu'une question de mots, car les résultats sont les mêmes.

139. Devrait-on admettre une suspension de la prescription d'un certain délit, lorsqu'un individu est poursuivi déjà pour un autre jusqu'à ce que celui-ci soit jugé sur le premier? La Cour de cassation s'est décidée pour l'affirmative : il ne peut y avoir cours de la prescription, dit-elle, quand il y a impossibilité d'agir; et elle a considéré qu'à cause de la prohibition du cumul des peines, il y avait d'abord nécessité d'instruire sur le crime puni de la plus forte peine avant d'instruire sur les autres. Mais c'est là une erreur. D'abord de la prohibition du cumul des peines on ne pourra jamais conclure à l'impossibilité de poursuivre simultanément les deux actions; ensuite il n'y a aucun empêchement de droit pour le ministère public; aucune place à l'application de la règle *contra non valentem*, règle, qui d'ailleurs a peu d'influence en droit criminel; aucune disposition expresse de suspension.

140. Il est une cause de suspension particulière à l'action civile. Lorsque le fait qui a causé préjudice est déféré aux tribunaux criminels, l'action criminelle tient en suspens l'action civile, si la partie ne s'est pas portée plaignante dans l'instance même. On a craint l'influence du jugement civil sur la décision criminelle et la contrariété des jugements.

POSITIONS

DROIT ROMAIN.

— L'erreur sur l'existence du titre n'est pas toujours un obstacle à l'usucapion.

— La bonne foi n'est exigée qu'au commencement de l'usucapion; cependant, pour la donation, quelques jurisconsultes paraissent exiger que la bonne foi persiste jusqu'à l'achèvement de l'usucapion.

— L'usucapion courait contre les pupilles, excepté pour les immeubles rustiques ou suburbains, depuis le décret de Septime Sévère.

— S'il est permis de considérer le jugement comme une juste cause d'usucapion, ce ne peut être que dans les actions personnelles ou dans les actions arbitraires, lorsque le défendeur, faute d'obtempérer à l'ordre du juge, est condamné à l'estimation de la chose.

— Le serment n'est point une juste cause d'usucapion.

DROIT FRANÇAIS.

— La guerre, la peste, les inondations et les autres événements de force majeure ne peuvent, en matière civile, à moins d'une loi spéciale, être des causes de suspension.

— Pour les causes de suspension, il faut s'attacher à la personne des envoyés en possession provisoire.

— Le fait de l'émigration ne peut en aucun cas être une cause de suspension.

— Les servitudes s'éteignent par trente ans de non usage; et cette circonstance que le non usage a été forcé, involontaire, ne peut amener une suspension de la prescription.

— La prescription qui a couru contre les grevés d'une substitution peut être opposée aux appelés majeurs.

— L'antichrèse ne suspend point la prescription de la dette.

— La prescription n'est pas suspendue au profit de l'usufruitier universel à l'égard des créances qu'il a contre la succession.

— Le tiers acquéreur d'un immeuble dotal peut, à partir de la séparation de biens, prescrire contre la femme l'action en révocation qu'elle avait contre lui, pour cause d'inaliénabilité de l'immeuble.

— La prescription n'est pas suspendue à l'égard de l'héritier bénificiaire.

— Lorsqu'une succession répudiée par un mineur est régulièrement reprise par lui, les tiers débiteurs de la succession ou détenteurs de biens héréditaires n'ont pu prescrire.

DROIT CRIMINEL.

— La Cour procédant contre un contumax peut admettre des circonstances atténuantes.

— L'action civile résultant d'un crime, comme l'action publique, se prescrit par dix ans, lors même qu'elle est intentée devant un Tribunal civil.

DROIT ADMINISTRATIF.

— Les contrats administratifs ne peuvent être considérés comme actes authentiques, et par conséquent emporter hypothèque conventionnelle.

DROIT DES GENS.

— Un étranger qui a en France un établissement commercial peut, devant les tribunaux français, poursuivre le Français qui aurait usurpé sa marque de fabrique.

Vu par le président de la thèse,

BRAVARD-VEYRIÈRES.

Vu par le doyen,

C.-A. PELLAT.

Permis d'imprimer :

Pour le vice-recteur,

L'inspecteur,

DANTON.

Imprimerie Renou et Maulde, rue de Rivoli, 144. 735

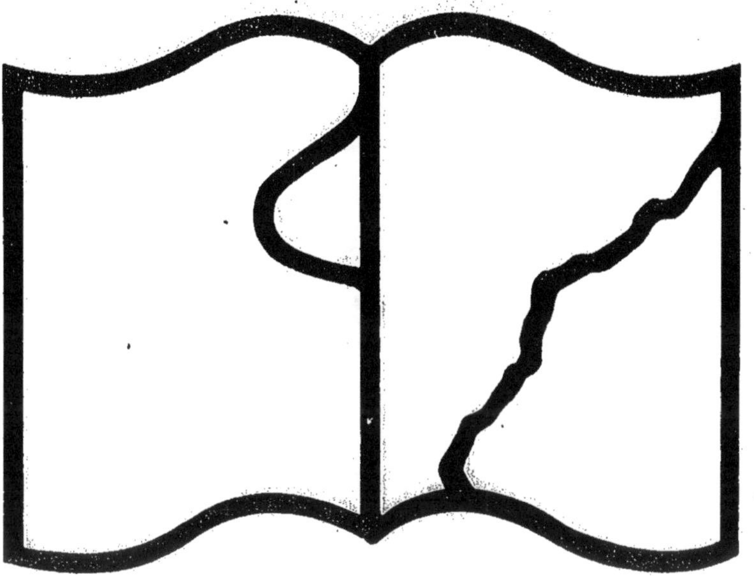

Texte détérioré — reliure défectueuse

NF Z 43-120-11

www.ingramcontent.com/pod-product-compliance
Ingram Content Group UK Ltd.
Pitfield, Milton Keynes, MK11 3LW, UK
UKHW022057190726
13855UKWH00002B/522